LES GROTTES DE LA CURE

(Côté d'Arcy)

XXI

LA GROTTE
DU TRILOBITE

L'ÉGOUTTOIR, LES NOMADES,
LA ROCHE-AUX-CHATS

PAR

M. l'abbé A. PARAT,

EXTRAIT du *Bulletin de la Société des Sciences historiques et naturelles
de l'Yonne*, 2me SEMESTRE 1902.

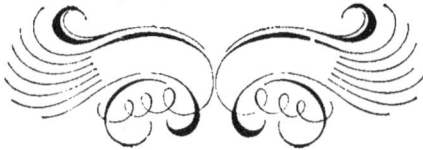

AUXERRE

TYPOGRAPHIE ET LITHOGRAPHIE Ch. MILON, RUE DE PARIS

—

1903

—

XXI

LA GROTTE DU TRILOBITE

Par M. l'abbé A. Parat.

Le premier tronçon de la côte rocheuse d'Arcy, bordant au nord l'anse décrite par la Cure, est de beaucoup le moins escarpé et le moins pittoresque, mais il est le plus riche en galeries souterraines. La série commence à l'est par la Grande grotte qui s'ouvre au flanc d'un escarpement à peine indiqué ; puis en remontant la vallée, on voit les rochers émerger du bois et s'excaver de plus en plus. C'est ainsi que, vers l'extrêmité ouest de ce tronçon, quatre grottes importantes s'alignent au niveau du talweg dans l'espace de cent mètres.

Trois de ces grottes, celles de l'Ours, de l'Hyène, du Cheval ont été décrites dans le *Bulletin* de 1901, 2ᵉ semestre ; il reste la grotte du Trilobite la plus remarquable, certainement, de toutes celles de la Cure. On peut l'appeler une grotte type et la comparer aux stations célèbres de la Vézère : elle présente, en effet, un remplissage énorme distribué en couches distinctes, une faune abondante et variée, une industrie complexe, enrichie d'objets rares et de productions de l'art primitif.

La position du Trilobite au milieu des grottes voisines la fera facilement reconnaître : son plancher est plus élevé, et deux pans de roche encadrent son entrée, comme les murs d'une maison dont le toit serait éboulé. Elle se trouve placée entre le trou de l'Hyène et la grotte de l'Ours, toutes deux à un niveau plus bas, et une simple cloison rocheuse la sépare de cette dernière.

La découverte de la grotte est due à M. le docteur Ficatier d'Auxerre, qui lui donna le nom de Trilobite, emprunté à un fossile, sorte de crustacé des terrains primaires, qu'il y recueillit avec des

1

milliers de silex (1). En 1886, date de cette découverte, l'entrée se presentait comme une pente d'éboulis de 15 mètres de longueur, plantée d'un chêne au milieu de broussailles ; à une hauteur de 8 mètres, s'étendait une petite terrasse entre les pans de murs de l'assise corallienne ; et au fond d'un petit abri s'élevait un tas d'éboulis traversé par un passage de fouisseurs. Autrefois, m'a dit M. Gustave Guignepied, le chasseur et collectionneur bien connu de Saint Moré, le trou était plus grand, et dans son enfance il avait pénétré dans la cavité avec d'autres. Le docteur Ficatier, revenant un jour de faire des fouilles dans la grotte des Fées, fut pour ainsi dire conduit par un jeune lapin qui fuyait lentement vers son gîte ; et, après examen, il reconnu l'existence d'une grotte.

Les fouilles commencèrent et furent faites méthodiquement, autant du moins que le permettaient les circonstances ; car il était défendu de transporter les terres, et le travail devait paraître le moins possible. A la profondeur de 1 mètre 50, une couche fossilifère fut rencontrée, puis, dit l'auteur, « on trouva le sol naturel, c'est-à-dire le roc, et la grotte, longue de 16 mètres, était ouverte et complètement fouillée. » Les résultats furent communiqués au Congrès de Nancy, 1886, et à la Société des sciences de l'Yonne, en janvier 1887.

Après ces recherches, faites avec l'intention, malheureusement entravée, de produire des documents, vint le pillage accoutumé n'ayant en vue que les bibelots de collection. Le père Leleu, qu'on retrouve partout, travaillant pour son propre compte et toujours à sa guise, sut descendre, au milieu de l'encombrement des matériaux, jusqu'à 3 mètres d'un côté ; j'ai reconnu là un de ses outils pour la recherche des objets fins : une vieille lame de couteau emmanché dans un os de côte de bœuf, quelque chose de préhistorique ! Ces fouilles désordonnées, mais forcément restreintes, ont fait le sujet d'une série d'articles que M. l'abbé Poulaine, curé de Voutenay, a écrit dans le journal *La Bourgogne* (supplément) en juillet et août 1890. Il entre dans quelques détails sur le mobilier qu'il achetait au fur et à mesure. S'il eut fait des fouilles personnelles, il n'aurait pas contredit avec tant d'assurance les assertions si fondées du docteur Ficatier. (Voir aussi : Abbé Poulaine, *les Grottes quaternaires de Saint-Moré*, Avallon, 1890, Odobé.)

J'entrepris en 1895 la fouille du Trilobite et je la poursuivis durant trois hivers, jusqu'à l'épuisement complet du remplissage sur 23 mètres de longueur, le gisement s'arrêtant au Couloir qui fait suite

(1) *Etude paléœthnologique de la grotte magdalénienne du Trilobite à Arcy sur-Cure* (Yonne), docteur Ficatier, Auxerre, Gallot, 1886.

à la Chambre. Je le répèterai, je dois la faveur de la réussite à M. Morinat, maire de Saint-Moré, qui, en me permettant de déposer les terres au bord de la rivière, me fournit le moyen d'enlever la masse d'éboulis couche par couche; elle était considérable, car le déblaiement seul des matériaux amoncelés par mes devanciers occupa trois hommes pendant dix jours.

Après avoir fait place nette, je retrouvai sur un point les couches supérieures décrites dans la notice du docteur Ficatier, et je pus constater qu'il y avait du haut en bas : (pl. 1) 1° une couche pierreuse néolithique, à poterie; 2° une couche paléolithique, à la base de laquelle se trouvait « le lit d'humus rougeâtre » qui avait donné à mon collègue une faune de renne pure et un mobilier de la Madeleine ; 3° une couche très épaisse, de couleur jaune, à faune d'ours, avec mobilier peu abondant de la Madeleine et de Solutré; 4° une couche très mince, entièrement rouge, pétrie de fossiles, à faune de rhinocéros, avec industrie de la Madeleine caractérisée par des os incisés et gravés ; 5° une seconde couche jaune épaisse, à faune ancienne complète et à industrie simple de la Madeleine ; 6° une couche de sable et d'argile d'alluvion étalée sur le plancher rocheux, à faune et mobilier moustériens. Ce sont ces six couches bien distinctes, formant une épaisseur totale de 6 mètres, que j'ai relevées au niveau et que je vais décrire en les reprenant dans l'ordre géologique, c'est-à-dire de bas en haut.

Le déblaiement une fois opéré, la grotte a été reconnue jusqu'à 52 mètres : c'est une galerie simple (pl. 1) formant à l'entrée deux évasements que j'apellerai le Vestibule et la Chambre. Le Vestibule est formé, en partie, par la montée ou terrasse comprise entre les deux murs hauts de 6 mètres ; il mesure 9 mètres de longueur sur autant de largeur, et il est recouvert, à l'extrémité, par la voûte qui s'est retirée de 6 mètres depuis la première occupation de la grotte. Après un rétrécissement, vient la Chambre qui mesure 8 mètres sur 4, et 5 mètres de hauteur au milieu, ce qui donne au gisement une surface de 55 à 80 mètres carrés suivant les couches. La galerie se rétrécit encore et s'abaisse, en formant le Couloir long de 35 mètres sur 3 à 4 mètres de largeur, et 2 mètres de hauteur à l'entrée.

Le plancher rocheux, mis partout à découvert, est à 3 mètres au-dessus de la vallée et à 5 mètres au-dessus de l'étiage; c'est assez exactement la hauteur du plancher de la grotte des Fées. Par devant, la roche est excavée d'une poche, de 2 mètres de profondeur, remplie de sable granitique dans lequel le chêne de la terrasse s'est implanté ; de plus, elle est perforée d'un canal de 60 cent. de largeur qui vient déboucher dans la niche située à droite, au pied du talus. Le plancher était recouvert d'une couche plus ou moins épaisse d'arène granitique sans cailloux sur laquelle s'étalait un lit d'argile sableuse, gris-verdâtre, puis un autre d'argile grasse, jaunâtre ; en quelques endroits, les alluvions de sable et d'argile grise manquaient. Sur ces dépôts de rivière, s'élevait la masse d'éboulis de pierres tombées de la voûte et des parois ; de grosses dalles, qui ont fait croire parfois au sol rocheux, étaient mêlées à ces détritus, surtout à la base. Tous ces matériaux détritiques s'étaient tassés dans une argile jaune, très-grasse au niveau inférieur et toujours plus maigre en remontant, et formaient une masse consistante.

Dans le Couloir, où l'on ne pénètre qu'en se traînant, le remplissage est pierreux sur un tiers de la longueur ; pour le reste, on voit à la surface une argile jaune, grasse, sur laquelle reposent de grandes dalles qui semblent former une cloison et diviser la galerie en deux compartiments, ainsi que le plan l'indique.

Dans cette galerie, excavée au sein du massif madréporique du Coralien inférieur (Rauracien), on ne voit qu'une diaclase qui suit la paroi droite et occasionne dans la Chambre une petite cheminée. C'était le seul endroit humide de la grotte, aussi la récolte, à tous les niveaux, des débris de faune ou d'industrie y était-elle très médiocre ; mais j'y ai trouvé le lambeau des couches supérieures qui avait été épargné.

PREMIÈRE COUCHE

Les couches de sable granitique et d'argile gris-verdâtre ne contenaient rien d'étranger, ni pierres d'éboulis, ni fossiles ; mais l'argile jaune, épaisse de 20 à 30 cent., mêlée de quelques détritus des parois, et formant, par sa composition, une couche distincte de la suivante, avait gardé des débris de la première occupation de l'homme ; deux fragments d'os calcinés et un éclat de calcaire siliceux rougi indiqueraient un foyer, tandis que des ossements corrodés seraient le signe d'une grande humidité. Ces débris de faune et d'industrie sont rares relativement au volume du remplissage.

La faune, déterminée comme toutes les autres, par M. Boule, du Muséum (1), est celle des niveaux inférieurs des grottes, et

(1) M. Marcellin Boule, assistant du Muséum, à l'obligeance de qui je dois la détermination de la plupart des fossiles, a été nommé en janvier 1903 professeur de Paléontologie en remplacement de M. Albert Gaudry qui occupait si dignement la chaire de Cuvier.

l'absence du rhinocéros est accidentelle, puisqu'il se trouve dans les couches suivantes. On a récolté 122 éclats d'os épais et 60 minces. Voici la liste des débris :

Ours de cavernes. — 2 incisives, 10 canines, 3 molaires, 1 mandibule, 1 fragment de mandibule, 1 fragment de mâchoire supérieure, 1 fragment du crâne, 1 humérus, 1 cubitus, 2 radius, 1 os iliaque, 1 rotule, 1 astragale, 1 calcanéum, 4 métacarpiens et métatarsiens, 1 griffe (phalange unguéale), 1 vertèbre.

Hyène des cavernes — 4 canines, 3 molaires, 1 fragment de mandibule, 3 métacarpiens, 2 coprolites.

Loup. — 2 canines.

Eléphant. — Fragment de molaire, débris d'os.

Cheval. — 8 incisives, 2 canines, 30 molaires, 1 extrémité de mâchoire supérieure, 1 tibia, 2 carpiens et tarsiens, 1 calcanéum, 2 astragales, 4 canons, 3 phalanges, 1 os naviculaire, 1 sabot.

Aurochs ou Bison. — 2 molaires, 1 humérus, 1 radius, 1 canon, 4 phalanges, 1 sabot.

Renne. — 5 molaires, 2 mandibules, 2 bois, 1 humérus, 1 astragale, 10 phalanges.

Inutile de répéter chaque fois que presque tous ces ossements sont des fragments que l'articulation seule permet de déterminer.

L'ours fournit ici des os entiers et de toutes les parties, ce qui fait soupçonner un repaire qui se cache sans doute dans les parties reculées de la grotte. Le renne, comme d'ordinaire, est très rare à ce niveau profond; le cheval reste à tous les niveaux l'animal le plus commun.

Le mobilier est aussi peu abondant que la faune, et il est peu brillant, car il consiste, pour la plus grande partie, en roche locale, c'est-à-dire en calcaire silicieux assez grossier dont les éclats sont rarement retouchés. Les galets en roches du Morvan sont au nombre de 151 dont 65 sont cassés nettement. On compte 77 cailloux de calcaire, grossièrement taillés à facettes et à peu près de la même grosseur, qui serait celle d'une pierre de jet. Ce ne sont pas des nucléus, la roche locale ne m'en a fourni qu'un seul pour toutes les grottes; mais leur nombre, leur similitude de formes, la récolte des mêmes types dans plusieurs gisements inférieurs semblent bien annoncer un but intentionnel. Le calcaire silicieux a donné 317 éclats, le silex pyromaque, 32, le silex remanié des plateaux, 2, le quartz des galets d'alluvion, 1. Les éclats retouchés en outils comprennent, pour le calcaire : 1 petite amande de Saint-Acheul de 5 c. 5 de longueur, 2 racloirs de 4 c. 5, à retaille soignée, 1 lame épaisse formant un grattoir latéral. Le silex comprend 3 pointes du Moustier de 3 c. 5 à 6 c. de longueur, retouchées sur un côté, 1 racloir fragmenté qui pouvait avoir 10 c.

6

LES GROTTES DE LA CURE

DEUXIÈME COUCHE

Avec la deuxième couche, commence le remplissage franchement
détritique : de gros blocs, surtout à la base, et des pierres angu-
leuses de toute grosseur sont emballés dans une argile jaune,
grasse et abondante. Cette argile, semblable à celle de la première
couche, est-elle d'origine alluviale, ou viendrait-elle du sol extérieur par les diaclases ; en un mot, les eaux de la Cure se seraient-
elles élevées à cette hauteur lors du dépôt d'éboulis ? La question
si importante du régime fluviale à cette époque s'est trouvée résolue
par la découverte, à l'endroit où la Chambre se continue avec la
Galerie (*a* pl. 1), d'une couche stratifiée de sable granitique fin et
de limon jaune mêlés à la pierraille de l'éboulis. Ce dépôt, qui
s'élève d'un mètre au-dessus de la couche d'alluvion du plancher,
occupe toute l'épaisseur de la deuxième couche archéologique et
atteint 6 mètres 50 au-dessus de l'étiage. J'ai figuré ce dépôt (pl. 1)
qui est une chose unique dans nos grottes ; car on sait que sur le
bord droit d'un cours d'eau l'alluvionnement est une exception.

L'étendue de la deuxième couche est à peu près la même que
celle de la première, mais on voit, par la coupe, que, durant le
dépôt d'éboulis, la voute s'est retirée déjà de 2 mètres. Quant à
son épaisseur, elle variait de 1 mètre à 1 mètre 50 pour finir à 30 c.
dans la Galerie. On a constaté, à l'entrée, la présence d'un petit
foyer au milieu d'une couche mince imprégnée de sanguine ; une
dalle rougie par le feu, une dizaine de silex craquelés et deux dou-
zaines de fragments d'os carbonisés au milieu de la poussière noire
d'os en formaient les indices.

Cette couche 2, première de l'éboulis, est bien plus considérable
que la précédente sans être riche, si l'on tient compte du volume
comparatif.

La faune a donné des fragments d'os indéterminables, 583 épais
et 254 minces.

Ours des cavernes. — 14 incisives, 19 canines, 17 molaires, 3
fragments de mandibules, 3 métacarpiens et métatarsiens.

Hyène des cavernes. — 3 canines, 4 molaires, 1 fragment de
mandibule, 1 coprolite.

Loup. — 2 canines.

Renard bleu (*canis lagopus*). — 1 mandibule.

Petits carnassiers. — 2 canines.

Eléphant primitif. — 1 molaire entière, 4 fragments de molaire,
1 omoplate.

RHINOCÉROS. — 1 calcanéum, 2 os carpiens.

CHEVAL. — 10 incisives, 102 molaires dont 4 de variété petite, 1 tibia, 4 os carpiens et tarsiens, 2 calcanéums, 5 astragales, 6 canons, 1 stylet, 7 phalanges, 1 os naviculaire, 1 sabot (phalange unguéale).

BŒUF, (*bison ou aurochs*). — 1 incisive, 3 molaires, 1 fragment de mandibule, 1 calcanéum, 1 astragale, 3 phalanges.

CHAMOIS. — 1 humérus, 1 phalange.

CERF ÉLAPHE. — 3 radius.

RENNE. — 17 molaires, 6 fragments de mandibules, 23 fragments de bois, 5 omoplates, 3 humérus, 3 tibias, 3 tarsiens soudés, 1 calcanéum, 8 astragales, 19 canons, 2 stylets, 10 phalanges, 2 sabots.

LAPIN. — 4 os longs.

MARMOTTE. — 1 incisive.

Dans cette couche, la faune est plus au complet, et le renne est plus abondant que dans la première; le cerf élaphe apparait ici et ne se montrera que dans deux gisements pour l'ensemble de nos grottes.

Le lapin doit être compté dans la faune des cavernes, car la récolte comprend un de ses os qui a été ébauché en poinçon. Ce qui ne veut pas dire que tous les débris de fouisseurs soient contemporains de couches où ils se trouvent.

La faune de la couche s'est enrichie d'une espèce nouvelle : M. Dupont, l'éminent directeur du Musée royal d'Histoire naturelle de Bruxelles, ayant fait la détermination des derniers ossements, y a trouvé des débris du chamois (*rupricapra europœa*), de la tribu des antilopins. Cet animal, assez semblable à la chèvre, habite encore les Alpes et les Pyrénées.

La récolte du mobilier comprend d'abord les galets au nombre de 378 dont 191 cassés nettement, 6 morceaux de grès, 5 d'hématite, 1 de sanguine, 1 galet calcaire usé à une extrémité. L'outillage de silex comprend 2960 éclats dont 157 lames, 25 nucléus, 2 percuteurs, 3 rognons taillés à facettes et 310 éclats retouchés en outils; il n'y a que 2 éclats de calcaire siliceux. L'os a fourni 4 poincons; la parure est représentée par une valve de pétoncle percée et une dent, incisive d'ours, perforée; il y a aussi un os (le rocher), d'un animal de la taille d'un loup, qui a pu servir de pendeloque.

Les lames ne dépassent pas 12 cent., les nucléus sont très-courts, les percuteurs annoncent un long usage; il y aussi un certain nombre d'éclats et d'outils qui portent des traces d'usure. Des grès ferrugineux d'hématite présentent des stries parallèles; le galet ou rognon naturel en calcaire dur, est de forme ovoïde, de 7 cent. de longueur, tronqué à une extrémité et montrant deux larges facettes striées; le bord des facettes et un côté sont rougis par la sanguine : ce doit être un pilon à triturer.

Les outils se décomposent ainsi : 14 racloirs de grandeur moyenne et de taille généralement peu soignée ; 77 grattoirs latéraux, en forme de lames, rarement ovalaires, retouchés pour la plupart sur un seul côté et de toutes dimensions ; un type de ce genre (pl. 11 f. 7) est une lame ovale de 9 cent. sur 4, retouchée sur les deux bords, un autre, épais sur un côté, de 10 cent. sur 4, est retouché sur l'autre côté ; 57 grattoirs terminaux, dont 1 en calcaire, de longueurs variées et de formes allongées, plus rarement discoïdes ou cunéiformes ; 46 burins, 55 perçoirs de toutes les tailles, 32 pointes, 6 couteaux, 1 scie (?) ou lame épaisse dentelée sur un bord, 22 outils doubles. De ces derniers, ainsi que des pointes et couteaux, il sera parlé plus explicitement à la couche suivante.

Les 4 poinçons ou leurs débris sont en mauvais état, plusieurs sont corrodés ; il n'y avait pas trace de pointe de sagaie ; on a récolté enfin une grande coquille percée au sommet (*Pectunculus obovatus*, des sables d'Etampes).

Le mobilier magdalénien de la deuxième couche est fait presque exclusivement de roche étrangère ; le passage de la précédente industrie à celle-ci est brusque pour la matière et pour la façon, car rien de bien carastéristique ne rappelle le moustérien. On trouve des pièces finement travaillées, mais en général les éclats sont massifs et la retouche est grossière ; on remarquera aussi que les grattoirs latéraux, qui se rapprochent le plus des pointes du Moustier, l'emportent sur les grattoirs terminaux ; d'un autre côté, on trouve les outils à double usage. Le grand nombre d'outils, relativement à celui des déchets, indiquerait un abri servant plus au travail qu'à la taille du silex.

TROISIÈME COUCHE.

Ce niveau tranchait nettement sur les autres : il se composait d'un lit mince, continu de pierraille fortement colorée en rouge par la sanguine et présentait l'aspect d'un sol nivelé, remontant d'avant en arrière. Ce lit, d'une épaisseur de 5 à 10 centimètres, sur une étendue de 50 à 60 mètres carrés, était à moitié formé d'ossements, de galets, de minéraux colorants et de silex ; ce mobilier se distingue des autres, du type de la Madeleine, par la présence de nombreux os incisés et de plusieurs autres sculptés et gravés. On peut donc dire qu'on a affaire à une population différente qui se rapprocherait singulièrement de celle de la

Vezère ; et ses nombreux débris font penser qu'on possède l'ensemble des documents propres à la faire connaitre dans ses grandes lignes.

Sur plusieurs points, cette couche, d'un petit volume, était recouverte de grandes dalles dont la chute a pu éloigner les Primitifs. Les derniers chercheurs étaient descendus jusque là, sur un côté, et avaient cru toucher le sol naturel. Sur le devant, la terre était noircie par la poussière d'os carbonisés ; c'étaient les traces d'un foyer qui mesurait 3 mètres de longueur sur six de largeur, mais qui ne dut pas être intense ni de longue durée, car on y trouvait fort peu de pierres rougies par le feu et de silex craquelés, et seulement une centaine de fragments d'os brûlés ; le charbon ne se retrouvait que dans de rares mouchetures sous les pierres. La couche, ailleurs, était uniformément rouge, et, sur les silex, la sanguine formait une sorte de vernis métallique ; elle manquait presque entièrement sous la cheminée où les débris étaient très rares, et elle s'arrêtait à l'entrée de la Galerie.

La faune de la troisième couche comprend les espèces suivantes :

Ours des cavernes.— 5 incisives, 4 canines, 2 molaires, 1 rotule, 6 métacarpiens, 1 phalange.

Hyène de cavernes.— 2 incisives, 2 canines, 1 prémolaire, 2 molaires.

Loup.— 2 fragments de mandibules, 1 canine, 1 fémur entier, 4 métacarpiens.

Renard ordinaire.— 1 mandibule.

Lapin.— Quelques os longs.

Eléphant.— 2 molaires entières, 8 fragments de molaire, 2 omoplates, 1 humérus, 1 coxal, 1 côte presque entière et d'autres os corrodés indéterminables.

Cheval.— 81 incisives, 7 canines, 300 molaires, dont 18 de variété petite, 18 extrémités de machoires supérieures, 3 fragments de mandibules, 1 cubitus, 28 tibias, 34 carpiens ou tarsiens, 9 astragales, 8 calcanéums, 27 canons, 24 stylets, 41 phalanges, 4 os naviculaires, 14 sabots, dont un de variété petite. Un canon postérieur a ses os tarsiens, le calcanéum et l'astragle en connexion anatomique.

Rhinocéros.— 2 os carpiens, 3 phalanges.

Boeuf (*aurochs ou bison*).— 3 incisives, 18 molaires, 1 fragment de mandibule, 4 humérus, 1 cubitus, 3 radius, 1 fémur, 5 astragales, 2 calcanéums, 4 tarsiens soudés, 3 canons, 11 phalanges, 2 sabots.

Cerf élephe.— 1 fragment de mandibule, 1 molaire.

Renne.— 168 molaires, 84 fragments de mandibules, 1 portion de crâne, 53 fragments de bois, 23 omoplates, 125 humérus, 80 radius,

53 fémur, 61 tibias, 29 os tarsiens soudés, 182 astragales, 120 calcanéums, 361 canons, 1 stylet, 80 phalanges, 10 vertèbres, 2 phalanges de sabots.

BOUQUETIN. — 1 molaire.

Il serait intéressant de connaître le nombre d'individus pour chaque espèce, mais ce sont des déterminations que les paléontologistes ne font que pour leurs propres récoltes. On peut dire, cependant, qu'il y a au moins 18 chevaux dont on possède les machoires inférieures, et 90 rennes, à compter les astragales ou les canons. Le nombre des os longs peut ne pas être exact, car on comptait l'articulation supérieure ou inférieure, ce qui exposait à compter l'os deux fois.

Toutes grandes espèces quaternaires sont représentées, sauf les grands cerfs, mais avec des différences sur les couches précédentes. L'ours et l'hyène sont peu abondants ; le loup fournit une mandibule qui annonce une belle taille ; l'éléphant, au contraire, serait de petite dimension ou peut-être de jeune âge ; le rhinocéros est toujours rare ; le cheval a la même fréquence, il a fourni particulièrement des machoires inférieures toutes cassées, avec anfractuosités, à 10 ou 15 centimètres de l'extrémité, et 7 d'entre elles présentent sur le côté, près de la cassure, et à la même place, plusieurs incisions longues et assez profondes : ne serait-ce pas un indice de la manière dont on commençait le dépouillement de l'animal. A en juger d'après ces mâchoires, ce serait la même variété de cheval, plutôt petite, montrant au niveau de la racine des dents un rétrécissement marqué. Le renne est l'espèce dominante, mais on ne trouve guère que des os longs, et jamais le crâne ; ses bois sont nombreux, de toutes les grosseurs, de 30 centimètres au plus de longueur ; beaucoup sont encore adhérents à une petite portion du crâne. Le bœuf devrait être de grande taille, ses astragales sont énormes. On a trouvé quelques os d'oiseaux et l'un deux a été éffilé en poinçon. Il se trouve en petite quantité des os de côtes qu'on pourrait rapporter au rhinocéros, au cheval et au renne.

Presque tous les ossements, surtout ceux de renne, sont cassés à peu de distance de l'articulation, et la diaphyse est réduite en éclats, les débris sont tous d'une conservation parfaite, sauf les ossements d'éléphants, presque toujours entiers, et qui se trouvaient jetés à l'écart sous la cheminée, c'est-à-dire à l'humidité ; la cause de leur corrosion peut être attribuée à la jeunesse des individus, mais elle provient surtout de la grosseur de l'os qui restait longtemps exposé à l'air avant d'être recouvert par le remplissage. Cette conservation des os est chose significative et peut autoriser certaine conclusion.

Le mobilier de la troisième couche est des plus variés et très abondant : les galets sont au nombre de 801 dont 430 cassés nettement et 25 étoilés à l'extrémité ; quelques-uns sont très gros, d'autres très petits, la moyenne est de grosseur plus que pugilaire ; ils représentent toutes les roches du Morvan. Les autres roches, employées pour la couleur et le polissage, ont fourni de nombreux rognons : grès jaunâtre tendre 10, grès ferrugineux rouge 106, grès noir 2, limonite 46, hématite 13, sanguine 24, manganèse oxydé 25, basalte 2, schiste ardoisier en plaquette 2, calcaire très compacte en dalle mince 1. Plusieurs de ces roches appartiennent à la région : les grès rouge et noir sont de l'étage albien qui s'avançait jusqu'au Morvan et a laissé partout des vestiges ; le grès jaune vient de l'éocène ainsi que la limonite qui a fourni du fer aux Romains ; la sanguine, dont il y a un échantillon gros comme le poing ne se trouve pas actuellement, mais elle pouvait faire partie de cette même assise tertiaire dont il reste encore des argiles et sables rutilants remaniés, c'est à elle qu'il faut attribuer la coloration des terres ; les autres minerais viennent de contrées plus ou moins éloignées : l'hématite a un gisement près de Semur, à 40 kilomètres, et, d'après le faciès, les rognons de la grotte en paraissent venir. Le manganèse est de la variété appelée psiloméla- lane, sorte de pyrolusite avec baryte, qu'il faut aller chercher, au plus près, à Romanèche (Saône-et-Loire). Le schiste ardoisier peut venir des Vosges, ce sont deux plaquettes épaisses, l'une de 14 c. sur 8, sans aucune trace de dessin ou d'usure. Le basalte, qui ne peut provenir que de l'Auvergne, se trouve ici à 200 kilomètres au moins de son terrain. (1)

De ces roches, les unes servaient au polissage des poinçons : on a trouvé dans la couche suivante un petit polissoir en grès jaune, tendre, à plusieurs rainures. Le grès dur servait sans doute à l'écrasement des minéraux colorants, et une plaque concave de ce grès a pu faire un mortier. Le basalte, roche très rugueuse, devait fournir l'ébauche des poinçons, et le schiste ardoisier donner le dernier poli. Les autres roches étaient employées comme colorants pour le tatouage, sans doute : le manganèse pour la couleur noire, la limonite pour la jaune et la sanguine pour la rouge ; elles ont été aussi utilisées dans le Midi pour teinter les dessins gravés sur les parois des grottes. C'est à la sanguine, dont on ne trouve guère que de petits morceaux arrondis sur les bords, qu'il faut attribuer la coloration de la couche ; les eaux d'infiltra-

(1) Les roches ont été déterminées au Muséum.

tion et même d'inondation ont dissous cette argile que l'on voit briller sur les silex avec un reflet métallique.

La couche était en devant et au milieu, littéralement pétrie de silex ; on les a comptés chaque jour pour ne pas être exposé à l'exagération, et on a récolté 17.320 éclats sans tenir compte d'une quantité de très petits déchets. Sur ce nombre il y a seulement 1160 pièces retouchées ; un jour même où la récolte avait été de 1100 pièces, il ne se trouvait que 12 silex retouchés, ce qui annonce un atelier. Les simples éclats se décomposent ainsi en 15.164 de forme allongée ou de lames, et 645 de forme large ou de racloirs, 47 en calcaire, 122 nucléus et rognons, 27 percuteurs et 355 lames. Les outils comprennent 26 racloirs, 205 grattoirs terminaux, 195 grattoirs latéraux, 197 burins, 295 perçoirs, 167 pointes, 11 couteaux, 64 outils doubles.

Les considérations suivantes sur le mobilier de silex de la couche 3 regardent aussi celui des couches 2 et 4, sauf pour les particularités qui seront signalées. La roche employée pour l'outillage est presque exclusivement le silex, ordinairement blond comme celui du Sénonais ; mais il y a des variétés, entre autres une de couleur jaunâtre, très compacte, cireuse, qui est étrangère à nos régions. Des éclats sont entièrement cacholonnés, d'autres, en plus grand nombre, ont une patine marbrée, et quelques-uns même ont leur couleur naturelle. Dans la couche 3, les éclats du type moustérien sont très rares et il y a seulement 5 grattoirs qui ont franchement le type de la pointe moustérienne. Sur un si grand nombre d'éclats et d'outils, on ne peut voir là qu'une forme accidentelle. Dans cette même couche, les nucléus sont peu nombreux, petits, de 10 c. au plus, mais les rognons globuleux, taillés à facettes, sont au nombre d'une centaine ; ils ont passé des couches moustériennes, où ils sont en calcaire, dans le magdalénien où la roche est le silex. Sont-ce des balles de fronde, comme on les a appelés (1) ? Les percuteurs sont quelque fois des nucléus utilisés ; ils sont rares, courts et l'un deux a la forme discoïde qu'on trouve au moustérien. Les lames sont d'ordinaires minces, légères et ne dépassent pas 13 c.

Les vrais outils sont les éclats qui, ayant subi des retouches, se classent dans des séries de types différents ; ils forment, dans la couche 3, le quinzième des éclats ; de plus, beaucoup de pièces

---

(1) Ces boules de silex à facettes, appelées pierres de jet, ne sont pas aussi caractérisées au Trilobite que celles des niveaux moustériens en calcaire siliceux. On peut croire que la plupart sont d'informes nucléus ou des percuteurs ébauchés.

sont mauvaises, mal venues, et peu d'entre elles témoignent de l'usure, toutes choses qui annoncent un atelier de taille. La façon du travail est médiocre et l'on constate une grande différence avec l'outillage de la couche 4.

Les racloirs (pl. II, f. 6) sont de grands éclats ovalaires, dont le bulbe est situé au milieu d'un bord long, tandis que l'autre est retouché finement ; ils sont de forme plate et sans grandes retouches sur le dos, ce qui les distingue des racloirs moustériens. Ces pièces sont relativement rares, tandis que les éclats de même forme sont nombreux ; il y avait sans doute une grande difficulté à obtenir l'ébauche convenable, c'est-à-dire ni trop épaisse, ni trop mince. Il y a des grattoirs latéraux qui ont tout à fait la forme de racloirs sauf que le bulbe est à l'extrémité sur un des petits côtés, ils forment une transition avec les suivants.

Les grattoirs latéraux sont faits d'éclats allongés qui ont l'un ou l'autre bord long et quelque fois tous les deux retouchés. Ce sont eux qui ont fourni les 5 échantillons du type moustérien triangulaire ; le plus souvent ils sont ovalaires (pl. II, f. 7) plus ou moins courts ; bon nombre sont de simples lames fortes dont le tranchant a été évidemment retouché. Il y a de ces pièces qui ont leur retaille du côté gauche, ce qui les a fait appeler outils de gauchers. Les grattoirs latéraux qui sont, quant à l'usage, de vrais racloirs, sont les plus nombreux ; mais ils n'ont pas l'élégance de la pointe moustérienne, ni du racloir magdalénien.

Les grattoirs terminaux sont des lames étroites, plus ou moins épaisses, dont une extrémité, formant l'arc ou le plein cintre, est retouchée en biseau ; exceptionnellement le biseau est de forme ogivale ; parfois aussi il est seulement d'un quart de cir-conférence. Les plus communs sont des lames à bords parallèles, de 4 à 8 c. de longueur (pl. II, f. 10) ; bien rarement les deux extré-mités sont retouchées (f. 8). Quelques-uns, de petite dimension, sont cunéiformes (f. 9) et même discoïdes ; d'autres, enfin, sont ovalaires et mesurent jusqu'à 8 c. sur 5. Il se trouve plusieurs échantillons qui, au lieu d'un arc convexe, ont une forme concave, ce qui les a fait appeler grattoirs concaves (pl. II, f. 11) ; leur destination est ici bien évidente, mais on remarque un certain nombre de perçoirs (pl. I, f. 7) qui ont aussi un bord concave bien retouché et qui pouvaient être utilisés comme grattoirs. Plusieurs grattoirs dits concaves sont des silex à encoches qui servaient au polissage des aiguilles.

Les burins sont les outils les plus simples (pl. I, f. 12) ; ils le sont à ce point, qu'on pourrait les prendre pour des éclats accidentels s'ils ne se présentaient pas en série nombreuse. Aussi, quand on trouve de rares échantillons de ce genre, dans les gisements néolithiques, on peut justement douter. Ce sont des lames fortes, généralement courtes, à bords parallèles, quelque fois ovalaires, dont une extrémité, retaillée en pointe, forme une arête vive terminant un double biseau. Les burins ont assez souvent l'arête dirigée obliquement au plan vertical ; est-ce un défaut de taille qui n'empêchait pas l'emploi de l'outil, ou une taille intentionnelle ? Cette arête, qui offre un tranchant et deux pointes favorables à diverses opérations, est obtenue par l'enlèvement net de deux éclats ; mais on trouve aussi quelques spécimens où l'un des côtés du biseau a été formé par des retouches (f. 16) ; plusieurs burins ont même les deux biseaux retouchés. Le tranchant est plus ou moins large, selon l'épaisseur de la lame, mais, par cette variété, il indique un outil disposé pour inciser, graver ou couper ; il est plutôt le ciseau du menuisier adapté à la main. Les burins à double tranchant sont une rareté. Tout simple qu'est le burin, sa fabrication était-elle si difficile, que les mauvaises pièces l'emportent sur les bonnes ?

Les perçoirs sont les outils où l'intention et l'habileté de l'ouvrier sont le mieux prouvées, car il fallait par de petites retouches amener la pointe au degré de finesse et de résistance nécessaires. Il y a beaucoup d'échantillons qui sont de simples lames à bords parallèles (pl. I, f. 6, 13) et quelque fois ç'est l'une des pointes de l'éclat qui est convertie en perçoir (f. 14) ; mais, le plus souvent ce sont des éclats ovalaires, larges, bien choisis pour la prise avantageuse des doigts (f. 1, 2, 3, 4, 7). Certaines pointes sont fort effilées, d'autres sont très courtes et très fortes (f. 15), et pouvaient remplacer avantageusement le burin pour graver et inciser ; ceux de cette sorte et d'autres n'ont quelquefois qu'un côté retouché, l'autre étant une surface nette. Les pointes sont ordinairement dans l'axe de la lame, mais, dans un grand nombre elles s'allongent sur l'un des bords (f. 3, 7). Il arrive alors, quelque fois, que la pointe offre un bord concave (f. 7) bien retouché, qui pouvait servir de grattoir. Dans ce genre de perçoirs, l'outil, selon que la pointe est du côté droit ou du côté gauche, ne peut être utilisé que par la main correspondante. Il y a une cinquantaine de ces perçoirs, qu'on a appelés outils de gauchers. Pour le travail du silex, on rencontre tous les degrés, il y a la fine percerette (f. 1) le perçoir double (f. 13) et les grossiers outils (f. 7) parfois retouchées sur tout le dos (f. 8).

A côté des perçoirs, il faut placer les pointes ; mais ici, dans les trois premières couches du Trilobite, les pointes ne répondent point aux éclats à tranchant abattu des auteurs, ce sont des

esquilles de forme torse (f. 10) à base généralement plate, dont le
corps moyen est à section triangulaire équilatéral. Ils ne perdent
pas une arête par la retaille, les retouches portent sur une des
deux faces convexes, qu'elles rendent raboteuses pour le maintien
du doigt. Ces retouches occupent toute la face ou seulement une
partie ; parfois vers le sommet de la pointe on trouve, pour tout,
trois ou quatre fines retouches. Il y a donc une différence avec les
pointes ordinaires ; et pour la forme et pour la retaille, et on
pourrait appeler celles-ci des *pointes torses*. Il paraîtrait que les
retouches se faisaient après l'éclatement de l'esquille, ce qui était
un travail délicat, car on a récolté 206 de ces échantillons qui
sont à l'état d'ébauches, c'est-à-dire sans retouches (1).

Les pointes à tranchant abattu (pl. I, f. 11) existent dans
les trois couches du Trilobite ; dans la troisième, il y en a 11, mais
leur rareté, leur dimension, leur usage probable me font donner
à ces pièces le nom de *couteaux* ou mieux *couteaux-pointes*. Ces
éclats de 7 c. de longueur, retouchés sur tout le dos, dont la pointe
et le tranchant témoignent de l'usure, sont les analogues du couteau de cuisine qui sert à piquer et à couper ; peut-être servaient-
ils à découper les fines lanières des tendons employés pour le fil
de couture.

Les outils doubles, toujours en petit nombre, donnent lieu à un
doute : il y a certainement des pièces qui sont des grattoirs, des
burins et des perçoirs doubles, des grattoirs latéraux qui sont en
même temps terminaux ; mais certaines pièces (pl. I, f. 9, pl. II,
f. 12, 13) qui ont une extrémité terminée en burin ou en perçoir,
et l'autre, retouchée en biseau arrondi comme le grattoir terminal
ou encore les côtés retouchés en façon de grattoir latéral, sont-ce
vraiment des instruments à double emploi ? On peut dire que la
retaille a servi à rendre l'outil plus maniable, mais il est bien
disposé tout de même à rendre un double service.

Il y a parmi les lames épaisses et à section triangulaire,
des pièces qu'on pourrait appeler des scies ; leur dentelure toutefois assez fruste serait tout aussi bien l'effet de l'usure ; en tout cas
ce seraient des pièces très rares.

Le mobilier d'os est aussi abondant et varié que celui de silex,
mais comme lui il fournit beaucoup de pièces de rebut et par suite
la description exacte en est assez difficile. Ce mobilier comprend
34 fragments de pointes de sagaie ou de baguettes, 35 poinçons ou

(1) MM. Boule et Vernière ont signalé et décrit, en la figurant, cette
sorte de pointe qu'on rencontre un peu partout. L'*Anthropologie*, T. X,
n° 4, Abri-du-Rond, p. 394.

débris de poinçons, 3 lissoirs, 5 fragments d'aiguilles, 1 sifflet, 1 dent incisive d'ours percée ; les os incisés comprenent 14 os fragmentés et (bois de renne, 7 machoires inférieures de cheval, 6 bois de renne entaillés ; les os dessinés sont 5 fragments de pointes de sagaie, 1 bois de renne, et 2 os fragmentés de renne avec dessin géométrique et de feuillage.

Les poinçons, presque tous en os, ne dépassent pas 10 c., un seul (pl. III, f. 1), fait d'un gros éclat, pouvait avoir 15 c. Ce sont, en effet, de simples éclats d'os minces, tels que ceux de renne, et qui sont parfois longuement effilés (f. 9 et 10). D'autres fois, l'os étant épais, l'outil a été pris dans la masse par un grand travail de dégrossissement, et sa tête est énorme.(f. 6). L'un deux a sa tête quelque peu sculptée (pl. III, f. 5 et IV f. 4) : quatre sillons profonds, concentriques font saillir quatre côtes ornées, chacune, de stries longitudinales.

Plusieurs poinçons ont pour tête l'articulation de l'os et deux d'entre eux sont un stylet de cheval et un de renne (pl. III, f. 2 et 8). Trois pièces sont faites d'os d'oiseau (f. 4) ; un poinçon épais de 6 c. de longueur, est en ivoire (f. 7). Ce n'est pas la seule pièce de cette matière ; la présence de treize pointes de sagaie, ou de baguettes fragmentées, dont plusieurs sont ornées, montre bien que l'ivoire était couramment employé par les primitifs de ce groupe.

Les pointes de sagaie ou de lance, au contraire des poinçons, sont tirées du bois de renne ou de l'ivoire ; elles sont presque toutes en biseau simple ou en fluteau, et quelques-unes devaient être de grande taille, car un débris en ivoire mesure 6 c. de biseau et 1 c. 5 d'épaisseur. Certaines pièces ont la forme générale de sagaie, mais la base ou le sommet est à pointe mousse : ce sont des baguettes, parfois ornementées, et un fragment de l'une d'elles, en ivoire, a 15 c. de longueur et près de 2 c. de diamètre. Plusieurs débris sont marqués sur le côté d'une demi-arête, d'autres sont couverts de traits dans tous les sens (pl. IV, f. 5 et 8). Au milieu de ce mobilier, il n'y a pas trace de harpon, ce qui étonne dans ce niveau si riche. Disons qu'à la vue de ces petites pointes de sagaie et de ces baguettes on peut douter que ce fussent là des armes capables de percer le cuir des gros animaux ; n'é-taient-ce pas plutôt des objets de parade ?

Les lissoirs sont des éclats d'os épais de 10 à 12 c. de longueur, amincis et polis à une extrémité ; l'un d'eux est fait d'une côte plate (de renne?) de 14 c. de longueur.

Les os incisés proprement dits ont reçu le coup de silex soit pour une section d'os ou l'enlèvement d'esquilles, soit par simple caprice de l'ouvrier, soit enfin dans une intention de décoration. Dans la première catégorie on remarque un fragment d'os, épais de 7^{mm}, qui a été scié; mais les plus intéressants sont les sept extrémités de mâchoires inférieures de cheval, dont il a été question, qui portent, à côté de la cassure, de nombreuses incisions, faites, semble-t-il, pour aider au brisement de l'os. L'une d'elles porte 12 traits sur une face latérale; une autre montre les deux faces sillonnées de 10 et 5 incisions (pl. IV, f. 9). Des bois de renne, au nombre de 6, ont été entaillés plus ou moins profondément et des esquilles ont été enlevées pour la fabrication des aiguilles. La deuxième catégorie comprend les rebuts de pointes et de baguettes que l'ouvrier, par amusement, a couvert de traits sur toutes les faces et même littéralement tailladés.

La troisième catégorie annonce du soin et de la recherche, et peut s'appeler de l'ornementation. Une extrémité de tibia de renne (f. 2), qui a sur un côté deux grandes entailles triangulaires, porte sur l'autre 4 groupes de traits parallèles; une côte (de renne?) est marquée de 14 traits réguliers qui font la moitié du tour (f. 3); deux autres os en portent chacun 8, qui font le tour (f. 6 et 7). On a appelé quelquefois ces traits, des marques de chasse. Dans cette catégorie, nous retrouvons les pointes de sagaie et les baguettes; plusieurs sont décorées sur le côté de demi-arête de poisson dont la régularité est parfaite. Dans l'une, en ivoire, ce sont de simples traits bien creusés (pl. III, f. 13). Dans d'autres, également en ivoire, de fines côtes (f. 14), ou des côtes en languettes (f. 15) que l'ouvrier a obtenues en creusant et en râclant les intervalles; et c'est une chose digne de remarque, dans des motifs de décoration si simples, que cette recherche de la variété avec une lame ou une pointe de silex. Un fragment de bois de renne montre encore mieux le travail en relief; il est orné de 3 côtes longitudinales groupées, très saillantes, bien détachées l'une de l'autre et à contour arrondi; c'est un véritable champlevé (pl. IV, f. 1).

Un objet qui rentre dans la classe des os incisés, mais avec une destination particulière, c'est le sifflet; car le trou n'a pas été fait au moyen d'un perçoir, comme c'est le cas des dents et des coquilles : la pointe du silex a découpé une esquille circulaire et l'a fait tomber d'un seul coup. J'ai trouvé un sifflet à la grotte de l'Homme, en tout semblable à ceux qu'ont fournis les grottes du Midi, et le dessin en a été donné dans le *Bulletin*, 2e semestre 1896; mais le specimen semblable du trilobite est, de plus, démonstratif, car l'esquille régulière qui avait été détachée de la phalange de renne était encore dans l'intérieur de l'os et s'adapte

2

très bien au trou. Ce n'est donc pas, sûrement, un trou produit par l'usure ou par le choc d'une pierre qui aurait enfoncé la tablette de l'os.

Les os dessinés peuvent se reconnaître dans les pointes de sagaie dont il a été parlé, quoique le dessin ne soit là qu'un accessoire ; mais il en est deux où le motif décoratif était seul en vue. Un de ces échantillons est un os long de renne de 15 c., malheureusement brisé aux deux extrémités. L'ossement a été fendu au milieu, dans le sens de la longueur, et les deux bords ont été dressés et polis. Le dos ne porte aucun dessin, ce sont les bordures qui sont ornées : d'un côté s'étend une demi-arête, formée de côtes fines, régulières, disposées le long d'un cordon saillant, longitudinal ; l'autre côté est sillonné, sur la moitié, de trois traits parallèles qui se continuent par une série de chevrons brisés d'un centimètre de hauteur, formant cinq dents, le tout bien creusé (pl. V).

Le deuxième échantillon (pl. V) est un os long, fragmenté, probablement la partie supérieure d'un humérus de renne, qui est décoré, sur sa face large, d'un rameau de feuilles artistement dessiné. Il est formé d'une branche dessinée par un simple trait sur laquelle sont insérées douze feuilles régulièrement alternes. Ces feuilles sessiles sont lancéolées et portent presque toutes une côte médiane ; près du sommet, un rameau secondaire, avec trois feuilles plus petites et pédonculées, remplace une grande feuille. La moitié des feuilles est d'une bonne exécution, l'autre montre des incorrections et des reprises ; mais l'ensemble témoigne de l'observation et du goût : c'est le dessin d'une plante que l'artiste a étudiée. D'après M. Cartailhac, il y aurait trois figures de végétaux sur 5 à 600 sujets gravés par les chasseurs de renne, mais d'un dessin si imparfait que certains en ont douté. L'os du Trilobite a été exposé, dans la collection des grottes de la Cure, au Collège de France, devant le Congrès international d'anthropologie de 1900 ; et M. Piette, en admirant ce dessin, se déclarait heureux de montrer que les primitifs avaient su étudier et reproduire les beautés du règne végétal. Les moulages de ces deux os gravés se trouvent au musée de Saint-Germain-en-Laye, dans la collection des grottes de la Cure (1) ; ils figureront aussi au musée d'Auxerre

---

(1) L'exactitude étant la première qualité d'un naturaliste, je dois dire que tous les objets du Trilobite ont été trouvés par moi ou devant moi, à l'exception, pourtant, de l'os dessiné, à figure de feuillage. Voici par quelles circonstances : un de mes ouvriers d'alors, le père Leleu, qui tenait la brouette, m'ayant prié de lui abandonner quelques débris pour

et peut-être dans plusieurs musées cantonaux avec une collection des grottes.

La série du mobilier d'ornementation se termine par 10 coquilles fossiles du bassin de Paris que M. Munier Chalmas a bien voulu déterminer. Ce sont *Fusus longœvus*, Lutétien inférieur et Yprésien; *Ancyllaria olivula* et *buccinoïdes*, Lutétien, calcaire grossier; *Bayania lactea* (2 ex.), Éocène moyen, très probablement du Cotentin; *Ampullina mutabilis*; *Arca, sp.*, du Miocène; *Pectunculus, sp.*; *Arca, sp.*, du Miocène, percée au sommet, *Cardium tuberculatum*, vivant dans la Méditerranée.

QUATRIÈME COUCHE

La mince couche 3, colorée en rouge et caractérisée par l'industrie de la Madeleine avec os dessinés était immédiatement recouverte en plusieurs endroits de grosses dalles qui ont fait croire au sol rocheux, et dont l'éboulement a pu éloigner les primitifs artistes. En général, la couche 4 était formée de pierrailles mélangée d'une argile jaune devenant de plus en plus maigre à mesure qu'on remontait; elle ressemblait beaucoup aux nappes d'arène calcaire des pentes voisines. Cette couche, épaisse de 1 mètre 50 à 2 mètres 50, et finissant à 1 mètre dans la galerie, était encadrée par la couche 3, rouge, et par l'autre couche rouge supé-

les distribuer aux touristes, je lui laissais chaque soir, et j'eus grand tort, après le triage de la récolte, des fragments de canons, phalanges, etc. Or, un jour, un jeune homme d'Avallon, Edmond Chevreteaux, étant allé se promener à la grotte qu'il habite, à Saint-Moré, choisit quelques ossements dans le sac ouvert à tout le monde, en donnant le pourboire ordinaire. Rentré chez lui, il vit, après lavage, paraître le dessin sur os.

Il n'y avait pour moi aucun doute sur son authenticité, et même, à la couleur mate de l'os, je reconnus qu'il provenait de l'éboulis pénétré de concrétion du mur de gauche, car l'infiltration, en lessivant les os, les fait happer fortement et leur ôte la fraîcheur; quant au niveau, on ne peut le placer qu'à la couche 3 qui seule a fourni tous les os incisés et gravés. Mais en déclarant, comme de juste, cette circonstance, on devait compter avec la défiance des préhistoriens du Midi qui ont constaté des supercheries. J'ai donc prié M. Cartailhac, le savant le plus compétent en ces sortes de choses, d'examiner de très près la gravure; et son jugement a été pleinement conforme à mes prévisions. L'os a été produit au Congrès d'anthropologie de 1900 et examiné par les membres; le musée de Saint-Germain en a fait un moulage pour ses collections.

rieure 5, ce qui en faisait un niveau distinct bien caractérisé d'ailleurs par son mobilier spécial.

C'est cette couche épaisse qui formait en grande partie la montée de la grotte, car on voit, d'après la coupe, que, durant sa formation, la voûte a reculé de 5 à 6 mètres de l'entrée primitive. L'importance de la récolte ne répond pas à celle de l'éboulis ; dans la chambre surtout, les débris étaient très clair semés, répandus à tous les niveaux ; ce n'est qu'en devant, dans l'antichambre, où se trouvait un petit foyer, que les objets étaient assez abondants. D'ailleurs, dans son pillage, le père Leleu avait fouillé un côté de la chambre, et ses récoltes vendues à M. l'abbé Poulaine, de Voutenay, doivent entrer dans l'inventaire et pourraient peut-être le doubler. M. le docteur Ficatier lui-même, sans s'en douter, avait entamé cette couche, car son ami, M. Philippe Salmon, qui avait vu ses collections, déclare, dans le *Dictionnaire des sciences anthropologiques* (mot Trilobite), que des types de Solutré et de Moustier se trouvaient mêlés à ceux de la Madeleine.

Comment expliquer, après une occupation assidue du Trilobite révélée par les débris de la couche 3, l'abandon de la grotte pendant la longue durée du nouveau dépôt d'éboulis ? les peuplades nouvelles, cependant, ne s'en éloignaient pas. L'humidité de l'abri était-elle encore trop grande, même l'été, ou bien les primitifs préféraient-ils le plein air pour leurs travaux ? La même remarque peut être faite pour la grotte des Fées. Il n'y avait, en effet, dans la couche 4, qu'un foyer de peu d'importance où l'on a récolté 90 menus fragments d'os brûlés et 2 silex craquelés.

La faune de la couche 4 est la même que celle de la couche précédente, mais les débris étant rares et la partie supérieure ayant été enlevée, on n'a pas pu suivre l'extinction des espèces comme il eût été intéressant de le faire. On constate que les grandes espèces, bien diminuées, se retrouvent toutes dans cette couche :

Ours. — 3 dents incisives, 1 métacarpien, 1 phalange, 1 griffe.

Hyène. — 1 dent canine, 2 molaires.

Loup. — 1 dent canine.

Renard. — 1 mandibule.

Lapin. — Quelques os longs.

Cheval. — 37 molaires, 4 de la variété petite, 14 incisives, 2 extrémités de mâchoires inférieures, 12 os carpiens et tarsiens, 3 astragales, 3 calcanéums, 6 canons, 3 stylets, 4 phalanges, 2 sabots, 2 os naviculaires.

Éléphant. — 2 dents molaires, 1 omoplate, 1 fragment de côte, 1 coxal, 5 fragments d'os.

Bœuf. — 3 molaires, 2 phalanges.

Renne. — 1 incisive, 5 molaires, 2 humérus, 1 cubitus, 1 fémur, 2 os tarsiens, 5 calcanéums, 11 astragales, 12 canons, 2 stylets, 9 phalanges, 1 sabot, 8 bois fragmentés.

On a ramassé en outre 1,275 fragments d'os menus et 108 fragments épais ainsi qu'un os rongé. L'ours est bien celui des cavernes, d'après M. Boule, et c'est à ce niveau élevé que j'ai trouvé la plus grande phalange unguéale de cet animal. Les carnassières d'hyènes sont aussi de la plus belle taille.

Le mobilier comprend à peu près tous les objets de la couche 3 : 41 galets entiers, 75 cassés, 3 grés ferrugineux de sanguine, 1 rognon de limonite, 9 morceaux de sanguine, 4 petits galets de la grosseur d'une bille, un en fer oligiste.

L'outillage de silex comprend 3,520 éclats dont 24 en calcaire siliceux, et 410 sont retouchés, ce qui est plus du dixième. Il y a 46 nucléus et noyaux taillés à facettes, 4 percuteurs, 18 bonnes lames de 10ᶜ au plus. La série des outils se décompose ainsi : 14 racloirs, 86 grattoirs latéraux ordinaires, 75 grattoirs terminaux, 36 grattoirs latéraux, genre solutré, 65 burins, 82 perçoirs, 14 pointes torse, 11 couteaux, 2 scies (?), 3 silex à encoches et 22 outils doubles. Le mobilier en os est pauvre : 6 poinçons et 2 pointes de sagaie.

Dans cet ensemble on voit donc moins d'éclats et plus d'outils que dans les autres couches, et beaucoup de pièces témoignent de l'usure, ce qui indique un abri pour le travail plutôt que pour la taille. Les mauvaises pièces sont une exception, et une chose frappe avant tout, c'est la beauté et la variété du silex, la grandeur des éclats et des outils, l'élégance et le fini du travail; aucune série de nos grottes ne peut rivaliser avec celle-là, c'est la perfection de la taille.

L'industrie est, pour le fonds, semblable à la précédente, mais on y trouve aussi, plus qu'ailleurs, quelques types du Moustier, entre autres une pointe-grattoir de 7 sur 6 et un racloir de 10ᶜ. Dans le magdalénien, quelques particularités sont à signaler, un gros nucléus de 17ᶜ, un gros grattoir terminal de 15ᶜ5 sur 3ᶜ5, pièce peu utilisable, un racloir latéral (pl. II, f. 1) formé d'une lame elliptique, arquée, d'une forme très régulière et d'une large retaille très soignée.

Mais la caractéristique de la couche 4 est la façon solutréenne de certaines pièces : sur les 36 grattoirs, 9 sont entièrement retouchés sur le dos et 27 en partie seulement. Ils ont généralement la forme ovale, lancéolée plus ou moins allongée : un d'eux de 10ᶜ (pl. II, f. 2) a le dos entièrement retouché; un autre (f. 3) n'a que la moitié latérale et plusieurs n'ont que la base ou le sommet retouché sur une certaine longueur. Quelques-uns, les plus remarquables, ont en même temps le type nettement moustérien et la retaille solutréenne, l'un d'eux (f. 4) a 9ᶜ sur 3ᶜ 5, un autre (f. 5) a 6ᶜ sur 2, un troisième atteint 10ᶜ sur 4 et 1ᶜ 5 d'épaisseur, c'est une grosse pièce très belle. Il se trouve aussi beaucoup de pièces qui sont largement retouchées sur les bords (f. 1 et 12), ce qu'on ne rencontre pas ou rarement dans les autres niveaux. Or tous ces silex ont leur face d'éclatement unie et le dos seulement travaillé; on n'a rien rencontré qui fasse soupçonner la pointe à cran ou la pointe à lance qui, quoique très rares, appartiennent à cette industrie.

Le travail de l'os est aussi soigné que la retaille du silex; s'il ne reste que des fragments de poinçon, deux pointes de sagaie peuvent en témoigner : elles sont d'une bonne conservation et d'une facture parfaite. L'une, de 10ᶜ (pl. III, f. 11), a un biseau simple de 4ᶜ, sa section est triangulaire, et sur le dos elle porte une profonde gouttière. L'autre, de 9ᶜ (f. 12), est à deux pointes et marquée sur deux faces de quatre sillons. Il est sorti encore de cette couche une très belle pointe de sagaie, de près de 20ᶜ, que j'ai vue dans la collection de M. l'abbé Poulaine, et provenant du pillage dont j'ai parlé.

CINQUIÈME COUCHE

Cette couche, qui était la première du niveau supérieur paléolithique, a été presque entièrement fouillée par M. le docteur Ficatier, d'Auxerre, en 1885; un petit recoin à droite, sous la cheminée, avait seul été épargné, ce qui m'a permis de déterminer la hauteur de la couche où j'ai pu récolter 30 éclats de silex, 2 grattoirs terminaux, 1 burin et 1 perçoir (pl. II, f. 14). Je n'aurai donc qu'à résumer, dans les termes mêmes de l'auteur, la notice qui a paru dans l'*Almanach historique de l'Yonne* de 1886, tout en regrettant de n'y voir point un inventaire bien chiffré. Les recherches de mon collègue avaient fait l'objet d'une communication au Congrès de l'Association pour l'avancement des sciences, à Besançon, et sa remarquable collection a paru dans plusieurs expositions.

« C'est sous 1 mètre 50 environ de déblais qu'on rencontra une couche archéologique de 30ᶜ d'épaisseur et comprenant, au milieu des pierrailles et de l'humus rougeâtre, des silex taillés et des éclats au nombre d'environ 4,000, des instruments en os et en corne de cervidés, des amulettes et beaucoup d'ossements d'animaux. Le mobilier est magdalénien, mais beaucoup de ces outils ont conservé par leur forme et leur taille la tradition solutréenne.

« Parmi les silex taillés, les plus nombreux sont les lames qui sont au nombre d'environ 2,000; on compte une douzaine de nucléus, un assez grand nombre de perçoirs et une abondance de pointes faites d'une lame à tranchant latéral abattu. On a récolté les variétés de grattoirs, le grattoir convexe terminant les lames de silex, le grattoir latéral dont il y avait plusieurs exemplaires; les grattoirs convexes étaient en grande quantité, et plusieurs sont doubles. Les poinçons (perçoirs) sont en assez grand nombre; un instrument complexe, le bec de perroquet, en forme de grattoir concave et convexe et de perçoir a été récolté un certain nombre de fois; il y avait aussi plusieurs outils doubles. Le tranchet, caractéristique du commencement du néolithique, existait déjà à l'époque de la Madeleine, un magnifique exemplaire a été trouvé au Trilobite, il a 14^c sur 25, et son tranchant a été obtenu en lissant le sommet de la lame sur une pierre dure. On a récolté une très grande quantité de burins ».

« La grotte du Trilobite a fourni, en objets d'os et de corne de renne, plusieurs aiguilles avec ou sans chas avec le silex à encoches pour l'ébauche des esquilles et la pointe destinée à percer la tête. On a trouvé aussi plusieurs pointes de sagaie à biseau et une en fente, une pointe de flèche avec une rainure profonde, un bâton de commandement fracturé vers le trou et portant deux ou trois rainures encadrant la base du trou. La récolte des pendeloques comprend une canine de loup percée à la racine, quatre valves de pétoncles, deux possédant deux trous de suspension, deux n'en ayant qu'un seul, plusieurs coquilles marines des rivages de la Bretagne, un trilobite fossile percé de deux trous, une représentation d'insecte, de bupreste peut-être, en bois noir, percée de deux trous. On a trouvé associés à ces outils, plusieurs morceaux d'ocre rouge, un rognon d'hydrate de peroxyde de fer gratté.

« On a pu reconnaître parmi les ossements, presque tous fragmentés, le loup de taille ordinaire, le blaireau, le renne avec divers os, mâchoires et cornes entaillés, le cerf élaphe, le cheval en grande abondance, fournissant des dents, des mâchoires et d'autres parties. »

Dans la masse de matériaux que les premiers chercheurs avaient laissés sur place, j'ai trouvé des pièces moustériennes et solutréennes, un petit polissoir en grès jaune tendre portant deux rainures larges et profondes, un os plat (1), de 8ᶜ sur 3, arrondi sur les bords, poli sur le plat et percé de cinq trous de 6ᵐᵐ de diamètre (pl. III, f. 16); mais à quelle couche rapporter ces objets ? ils conviennent à la quatrième comme à la cinquième.

Cette dernière couche est-elle différente de la précédente sous le rapport de l'industrie, ou n'est-elle qu'une suite plus richement meublée à un certain niveau ? La présence de pièces du type moustérien et solutréen dans la récolte du docteur Ficatier pourrait le faire croire, mais il y a des raisons pour admettre une distinction. L'outillage de la couche 4 comprend une série de grattoirs latéraux presque double de celle des grattoirs terminaux, tandis qu'à la couche 5, « il y en a quelques exemplaires » ; les pointes torses sont plus nombreuses que les pointes à tranchant abattu ; or, ce sont ces dernières seules, en grande abondance, qui paraissent à la couche 5. De plus, s'il se trouve dans la récolte Ficatier, sur 4.000 éclats et sans doute 3 à 400 outils, des objets du type de Solutré, aucun n'a paru susceptible d'être décrit, tandis que sur 3.520 éclats et 410 outils de ma récolte, on compte 35 beaux grattoirs de Solutré. Enfin il est certain que dès la première fouille, la couche 4 a été entamée et elle a été méconnue puisque l'on a cru avoir affaire à une couche unique : il y aurait donc deux couches distinctes.

La cinquième couche était une bande de 30 c. d'épaisseur et d'environ 12 mètres de longueur, allant du seuil actuel, retiré de 6 mètres depuis l'époque moustérienne, au milieu seulement de la Chambre. On n'y aurait pas trouvé de foyer ; la faune quaternaire ne gardait plus que le renne, et il y avait abondance de cheval ; le mobilier était magdalénien, sans trace de harpon, (le poinçon n'y manquait qu'accidentellement) ; la gravure et la sculpture n'y étaient pas inconnues, mais le dessin artistique des chasseurs de renne de la Vézère ne se laisse pas soupçonner.

SIXIÈME COUCHE

Au-dessus de la couche 5 fossilifère, du type ordinaire de la Madeleine, s'élevait, au milieu de la chambre, un amas d'éboulis formant talus en arrière, et laissant un certain vide ; il y avait au

---

(1) Cette pendeloque pourrait être regardée comme une amulette et serait le signe religieux des peuplades quaternaires. Une pièce analogue

plus 1 mètre 50 de pierraille, et j'en ai retrouvé un reste dans le
recoin de la cheminée. Cette couche était-elle un niveau archéologique ? M. le docteur Ficatier n'en parle que comme d'une masse
de déblais, et pourtant l'enlèvement de ces matériaux m'a fait
récolter une centaine de morceaux de poterie néolithique ; de plus,
dans le recoin, la couche en place m'a donné quelques éclats de
silex, des fragments d'os indéterminables et un débris de cette
poterie. Il y avait donc au Trilobite un niveau semblable à celui
qui couronne les remplissages de toutes nos grottes ; seulement,
cette dernière couche était entièrement pierreuse au lieu d'être
formée d'argile rouge-brun des plateaux, comme dans la plupart
des grottes de la Cure. Cette couche, de peu d'étendue, devait être
très pauvre, car je n'ai reconnu dans les débris de poterie que les
restes de quatre vases : l'un très grossier, et de 2 c. d'épaisseur,
était à base large et plate ; un morceau est un rebord droit assez
mince, un autre grand éclat, indique un vase en calotte de 10 c.
de hauteur, d'un centimètre d'épaisseur, à peine lissé ; il est semblable aux spécimens de la grotte de Nermont, du niveau inférieur,
c'est-à-dire de la couche à tranchets.

La découverte de ce niveau néolithique sans importance a donc
pu passer inaperçue pour les ouvriers du docteur Ficatier que le
devoir professionnel ne lui permettait pas de voir tous les jours,
mais le fait a sa valeur, car il est question, dans sa notice, d'une
longue lame polie à l'extrémité et appelée improprement tranchet,
qu'il attribue au niveau magdalénien ainsi que les pièces de Solutré et du Moustier, ce qui paraît étrange. Si ce silex, poli inten-
tionnellement, a été recueilli par mon collègue dans la couche
rougeâtre même, au milieu des autres débris, toute difficulté dis-
paraît ; mais s'il en est autrement, un doute s'élèverait alors, et il
ne serait pas téméraire de le rapporter au gisement néolithique.
Sans doute on cite des grottes, celles de Gourdan et de Sargels,
qui auraient présenté ce mélange de l'éclatement et du polissage,
mais ces cas sont rares et, de plus, contestés, tant les niveaux
supérieurs des grottes offrent de remaniements. Au Trilobite il n'y
avait pas cet inconvénient, la grotte étant fermée et les éboulis
de pierres peu favorables aux fouisseurs ; mais la présence de
deux couches, si semblables de composition et si différentes de
mobilier, exigeait une rigoureuse précision dans le travail des
fouilles.

existe aux Fées, elle sera figurée dans la notice de cette grotte. M. Piette
dans sa remarquable collection de la Vézère, fait une classe de ces os
dessinés et percés qui lui paraissent symboliques.

L'ÉPOQUE ET L'HOMME DES CAVERNES (1)

La description d'une grotte dans tous ses détails, telles que l'exige aujourd'hui la science de l'Anthropologie, n'est pas d'une lecture agréable pour tout le monde. Ces listes répétées de fossiles à chaque couche, en forme de statistique, paraîtront arides et fastidieuses ; on se contenterait volontiers des conclusions, et, encore, la curiosité ne serait satisfaite qu'autant qu'on aborderait d'emblée la question des origines, et qu'on résoudrait sans sourciller la chronologie de l'homme primitif. Ce n'est pas l'avis des maîtres : « Les questions d'origine, dit M. Albert Gaudry, doivent être résolues par une patiente étude des faits » ; et le docteur Broca s'élève contre « l'impatience des esprits qui préfèrent, à la froide et lente analyse, les brillantes généralisations de la théorie, c'est-à-dire la science toute faite ».

Comment, en effet, poser des conclusions, si des observations méthodiques et nombreuses n'en fournissent les éléments ; et bien souvent, après toutes les recherches n'arrive-t-on qu'à l'hypothèse. Mais l'hypothèse ou la probabilité fondée sur des faits est déjà tout autre chose que l'histoire préconçue ou de pure imagination. Les sciences naturelles, qui relèvent presque exclusive-

(1) La division des temps quaternaires fondée sur la faune est la plus rationnelle puisqu'on l'observe en terrain géologique. M. Dupont, après des fouilles remarquables, avait trouvé cette division : il proposait l'époque du mammouth et l'époque du renne. L'éléphant primitif est, en effet, l'espèce la plus caractéristique de l'époque glaciaire dont les phénomènes sont eux-mêmes le trait saillant du quaternaire ; elle commence au pliocène et arrive près de l'époque actuelle, s'étant d'ailleurs répandue sur presque toute l'Europe. Le renne, demeuré seul des espèces anciennes et ayant une extension aussi considérable, son choix était encore mieux justifié ; seulement on remarque dans cette division trop de disproportion des époques, celle du renne n'occupant qu'une très petite partie du quaternaire.

La division adoptée ici, en époque des alluvions et époque des cavernes, est plus générale, tout en visant spécialement l'homme primitif dans son genre de stationnement. Mais la différence qu'elle y constate est en même temps un indice du changement des conditions climatériques et par suite de la faune. A cette différence, se trouve justement associée une évolution dans l'industrie. On peut croire aussi que la disproportion entre les deux époques se trouve bien atténuée.

ment de l'observation, sont les dernières dans l'ordre de la certitude ; une seule expérience décisive suffit à mettre en possession de la vérité dans les sciences physiques, mais combien faudra-t-il d'observations, dans les autres, pour affirmer une loi, sans crainte de revision ultérieure ? Les sciences naturelles ne trouvent donc une base solide et des conclusions acceptables que dans une série de faits bien constatés, et ils ne sont jamais trop multipliés.

C'est ce qui explique la marche qui a été suivie dans ces études de grottes ; la place et la composition des couches de remplissage, le nombre et la détermination des débris de fauve, la description minutieuse des pièces du mobilier sont des données seules capables de former un document accepté par les savants pour la connaissance de l'homme primitif ; en même temps ce seront des matériaux précieux pour l'histoire de la région. Lui-même le simple lecteur, ami de la vérité scientifique, s'il a le courage de parcourir ces statistiques, pourra se former une idée suffisamment juste de ce qu'est une grotte, abri temporaire du sauvage préhistorique, et de ce qu'étaient son genre de vie et son industrie ; ayant fait cela, il sera vraiment un savant à côté du lecteur qui n'a que les idées fantaisistes ou flottantes prises dans les revues pittoresques.

La grotte du Trilobite est la seule grotte importante de la Cure qui aura pu être fouillée presque entièrement avec méthode dans son gisement préhistorique. D'autre part, la disposition bien délimitée de ses couches et une certaine abondance de débris de toutes sortes permettent de la juger avec assez d'exactitude. Elle aura fourni sur l'époque quaternaire, à sa seconde période, un ensemble rare de renseignements sur le régime, la faune et l'industrie du Moustier, en partie, et de la Madeleine, en totalité, puisque des dépôts fossilifères vont, sans interruption, jusqu'à la couche néolithique. Une seule chose est à regretter, c'est qu'on n'ait pas pu poursuivre les fouilles jusqu'au bout de la galerie ; qui sait si la présence de l'os dessiné n'est pas un indice que les parois elles-mêmes, dans les profondeurs, cacheraient des gravures comme celles que le Midi vient de révéler aux yeux étonnés des préhistoriens.

I

Le remplissage du Trilobite a fourni une observation exceptionnelle sur le régime des cours d'eau et, par suite, des précipitations atmosphériqnes de l'époque quaternaire moyenne ; le dépôt d'alluvions bien caractéristiques, intercalé dans la couche d'éboulis des deux premiers niveaux, indique un débit d'eau bien supérieur à celui de nos plus fortes crues ; et par son épaisseur, divisée en plusieurs lits, il dénote une humidité habituelle bien plus considérable. Cette humidité coïncidait-elle avec une température très froide ? L'ensemble de la faune l'annoncerait, quoique ce soit là une question assez discutée ; mais le phénomène détritique qui s'est produit à l'époque moustérienne et s'est continué sans interruption est une preuve du refroidissement et surtout d'alternatives d'humidité et de sécheresse. Il y eut un temps, au début des apports de l'homme du Moustier, où l'éboulis ne se produisait pas encore, car les alluvions sableuses et les argiles verdâtres qui les recouvrent ne contiennent pas de détritus calcaires. Les parois des grottes, polies par le suintement des eaux corrosives, avaient leurs surfaces intactes comme celles que l'on retrouve dans plusieurs galeries réfractaires. Mais lors du dépôt de limon jaune, le premier à fournir des fossiles, les parois s'effritèrent et se déformèrent, laissant tomber dans ces dernières alluvions des débris moitié arrondis, moitié anguleux.

On saisit là, évidemment, une différence de régime : l'époque des alluvions, première phase du quaternaire, a exercé une action purement corrosive sur les roches, et, de ce fait, on doit lui attribuer une température douce et assez uniforme, en même temps qu'une humidité constante mouillant habituellement les parois. L'époque des cavernes, seconde phase, a vu s'augmenter notablement la différence des saisons, et se produire des alternatives prononcées de sécheresse et d'humidité, conditions très favorables à la désagrégation du calcaire. Les effets de la gelée encore plus puissants, seraient indiqués par ce fait que l'entrée seule des grottes, sur une longueur plus ou moins grande, a subi l'action détritique, laquelle se serait fait sentir dans toute l'étendue si l'humidité en eût été la cause unique.

Les observations faites sur le remplissage, jointes à celles fournies par les débris animaux, éclairent une autre question, qu'on a voulu résoudre par la seule évolution de la faune : celle de la durée des périodes du Moustier et de la Madeleine. Non qu'il s'agisse d'établir sur le phénomène d'éboulis des grottes un chronomètre, comme on a tenté de le faire pour les alluvions ; car, précisément, ces recherches, faites dans un grand nombre de cavités, dénotent combien est irrégulière l'action détritique. C'est ainsi que de deux grottes voisines et du même niveau, l'une aura un remplissage d'éboulis, l'autre en sera dépourvue ; certains remplissages se sont arrêtés sur la faune de l'ours, d'autres ont conti-

nué jusqu'à la faune de renne seul ; plusieurs l'ont dépassée et
contiennent la faune néolithique. Il y a même des particularités
curieuses : une grotte n'a commencé à se remplir qu'avec la faune
de renne seul, et une autre a débuté avec la faune actuelle, a
continué pendant l'époque romaine et féodale et se remplit encore
actuellement. Ce n'est donc pas sur des variations aussi sensibles
qu'ont peut édifier des dates.

Le remplissage tout seul, soit de détritus, soit de concrétions,
est de nulle valeur pour une chronologie ; mais il en est autrement s'il contient des débris de faune que l'homme y a laissés à
tous les niveaux ; dans le Trilobite, par exemple, ils sont tantôt
par lits, tantôt disséminés dans la masse, et, quoique rares dans
certaines couches, ils se montrent sans interruption depuis le
niveau moustérien jusqu'au néolithique. Or, la conservation des
ossements est telle qu'il faut admettre un enfouissement relativement rapide qui les mit assez promptement à l'abri des influences
de l'air. On peut en faire l'expérience, les ossements ne peuvent
rester bien des années sur le sol, à l'entrée d'une grotte, soumis
aux alternatives d'humidité et de sécheresse, sans s'effriter ou se
corroder ; aussi les apparences de fraîcheur que les débris présentent généralement, au Trilobite et ailleurs, sont une preuve que
telle n'a pas été leur condition. On trouve à cette conservation
étonnante des ossements une exception qui ne fait que confirmer
la règle : les os d'éléphant, que leur épaisseur et leur densité doivent défendre des actions extérieures, sont tous corrodés ; cela
peut tenir, sans doute, à l'âge des sujets ou à l'humidité des endroits où on les trouve, mais s'explique aussi par leur volume considérable qui les exposait, bien plus longtemps que les os grêles, à
subir les influences de l'air avant d'être recouverts par le remplissage.
C'est une simple corrélation de cause à effet qui mérite de fixer l'at-
tention des préhistoriens; si elle ne donne pas de chiffres, elle fournit au moins une base d'appréciation pour la durée de l'époque
des cavernes. Au Trilobite, qui embrasse par son remplissage
fossilifère la période du Moustier en partie et celle de la Madeleine
en totalité, on ne peut admettre ces temps démesurés qu'on a
voulu attribuer à la phase détritique ; car si l'éboulis s'était produit avec une pareille lenteur, il ne resterait des débris animaux
qu'une poussière d'os. Il est juste d'ajouter qu'on ne peut rien
dire absolument de la période du Moustier à son début, quand les
alluvions, sans détritus presque, formaient le remplissage, ni de
la période de la Madeleine à sa fin, quand l'éboulis s'est arrêté. La
faune n'est pas contraire à la conclusion tirée du remplissage, car
elle ne présente qu'un phénomène très secondaire, celui de l'ex-

tinction ou disparition de plusieurs espèces ; d'autres espèces ayant simplement émigré,

De l'évolution du remplissage et du mouvement de la faune correspondante, on peut esquisser une chronologie relative de l'époque dite des cavernes ; et c'est au Trilobite qu'on en saisit le mieux l'enchaînement, car il ne manque à la série des couches que le limon brun des plateaux. Cette esquisse a été donnée en détail dans la notice précédente, sur la grotte de l'Ours ; en résumé, elle comprend, au-dessus des dépôts cailouteux et sableux qui représentent l'époque des alluvions : 1° une couche d'argile jaune alluviale et quelques détritus calcaires ; la faune des grandes espèces est complète, le renne est rare ; c'est l'industrie du Moustier avec amandes de Saint-Acheul. 2° Une couche d'éboulis pénétrée de lits de sables fins (6 mètres 50 de l'étiage), puis mélangée d'argile jaune, indice d'une extrême humidité au début ; les grandes espèces disparaissent peu à peu et le renne se multiplie ; c'est l'industrie du Moustier et celle de la Madeleine. 3° Une couche d'éboulis maigre bornée à quelques grottes, avec faune de renne seul ; fin de l'industrie de la Madeleine. 4° Arrêt du remplissage, faune et industrie inconnues en l'absence de l'homme.

Les rapports du remplissage avec la faune sont à remarquer, car ils indiquent le régime des eaux en même temps que la nature du sol à l'époque quaternaire. Au temps des alluvions abondantes, signe certain de grandes précipitations, la faune est exubérante en carnivores et surtout en herbivores (1) : cheval de deux races, éléphant, rhinocéros, aurochs ou bison, grand cerf, cerf élaphe, renne, bouquetin se trouvent ensemble et sont de grande taille, preuve d'une riche végétation herbacée. Mais comment nos plateaux, aujourd'hui si arides du jurassique, pouvaient-ils fournir à ces nombreux mangeurs d'herbe si les argiles tertiaires n'avaient pas jeté leur manteau imperméable et fertile sur le sol calcaire fissuré. Ces argiles et sables argileux, à peine indiqués actuellement dans les cuvettes des plateaux, se retrouvent stratifiés dans les grottes,

---

(1) Le concours très apprécié de M. Dupont dans la détermination soigneuse, détaillée, de bon nombre d'ossements, m'a permis d'ajouter plusieurs espèces au catalogue déjà riche que j'ai présenté aux Congrès d'Anthropologie et de Géologie de 1900 ; c'est le lynx du Repaire de Voutenay, le chamois du Trilobite, puis l'élan (*cervus alces*), vivant en Suède et en Russie, et le bœuf primitif (*bos primigenius*), l'urus de César, qui est différent de l'aurochs ou bison, mais dont les ossements permettent rarement d'établir une distinction. Ces deux derniers sont de la Roche-au-Loup, dans la vallée de l'Yonne.

à 50 mètres puis au niveau du talweg, où ils sont venus s'enfouir pendant toute la durée du creusement des vallées, preuve de leur puissance. Mais à l'époque quaternaire, les pluies entraînent peu à peu ces couches meubles ; il en passe même par les fissures des grottes avec les infiltrations ; l'argile mêlée aux détritus est d'abord grasse et abondante, puis elle devient toujours plus rare et plus maigre, en même temps que les espèces diminuent, jusqu'au jour où le remplissage s'arrêtant partout, il semble que la vie se soit éteinte sur un sol devenu aride et que les pluies ne fécondent plus.

Cependant des gelées intenses et persistantes préparaient un nouveau sol en triturant les roches calcaires ; l'argile résiduelle, déposée dans les vallées et même sur les plateaux, allait rétablir la vie en fournissant comme autrefois des herbages à la faune actuelle, moitié sauvage, moitié domestique, des hommes de l'époque néolithique. C'est l'hypothèse la plus plausible qui découle de l'examen du remplissage ; car, sur la dernière couche jaune et maigre de l'époque paléolithique, voici que paraît tout à coup une couche d'argile très grasse, rouge-brun de l'époque néolithique qui se présente avec des différences très grandes, comparée à la précédente. Elle n'existe pas dans toutes les grottes, et le Trilobite, entre autres, n'a que des éboulis, parce que le ruissellement n'aura pas porté de ce côté des terres du plateau voisin. Cette couche est le niveau ordinaire des faune et industrie nouvelles, et par elle se complète la chronologie préhistorique.

La faune est toute actuelle : ours brun, loup, renard, blaireau, cheval, sanglier, bœuf, mouton, cerf élaphe, chevreuil, castor, marmotte, lapin, etc. ; et dans les espèces communes aux deux époques, on constate un rapport inverse : le cheval, très commun au paléolithique, est extrêmement rare ; c'est le contraire pour le cerf, le sanglier et le mouton. L'industrie est *sui-generis*, et, à part quelques détails qui peuvent simuler une transition, elle diffère essentiellement de l'ancienne.

Le remplissage néolithique d'argile atteint parfois 80 c., il est formé de limon brun, acide qui se sépare toujours nettement de la couche jaune, maigre, calcarifère du paléolithique, laquelle représente le *loess*. Cette argile, appelée terre à briques, se retrouve sur les plateaux, dans les dépressions des pentes et sur les dernières alluvions anciennes. Elle n'était pas un dépôt préexistant, puisqu'il n'y en a pas trace dans le remplissage ancien. Que cette argile soit la transformation, « par métamorphisme extérieur », des couches tertiaires, ou qu'elle soit le résidu des roches calcaires que des gelées profondes et persistantes auraient triturées, et que des précipitations survenant auraient décalcifiées et suroxydées (1), toujours est-il qu'elle ne peut être un produit instantané ; il a fallu, sous l'influence d'un autre régime, des causes puissantes agissant un certain temps pour la produire. On doit donc admettre, entre le dernier éboulis à faune de renne et l'apparition brusque dans les grottes de l'argile brune, un intervalle pendant lequel la présence de l'homme ne se manifeste d'aucune sorte, comme une lacune, et supposer une extinction ou une émigration.

Le sujet étant important, et la solution ne pouvant guère venir que de la géologie, j'ai voulu soumettre la question, telle qu'elle se présente dans les grottes, à nos maîtres avant de la traiter devant le Congrès international de Géologie et celui d'Anthropologie : M. de Lapparent et M. Peron m'ont répondu que l'opinion, formulée dans les termes qu'on vient de voir, leur paraissait « probable » et « très probable ».

II

La grotte de Trilobite, comme les autres grottes de la Cure, n'a jamais été qu'un abri temporaire, le nombre étonnamment restreint de débris et la rareté ainsi que le peu d'importance des foyers sont significatifs. Les foyers néolithiques ont conservé leur charbon et même leurs cendres (grotte de Nermont) ; mais ceux de l'époque paléolithique ne se reconnaissent qu'aux pierres rougies, aux os brûlés et aux silex craquelés ; le charbon, lessivé par les infiltrations, a disparu, laissant seulement quelques mouches noires sous les pierres. Ce fait ne surprend nullement, car dans les très anciennes places de cuisson des bois, le charbon ne se retrouve plus, la terre est simplement noire ; et le vrai charbon est autrement résistant que la braise des foyers primitifs.

Sans doute, les hommes de la pierre eussent fait de nos cavernes leur habitation, ainsi que cela est arrivé dans le Midi ; et l'on sait qu'en France, actuellement, il y a des milliers de familles qui ont leur maison dans la craie. Mais nos roches très fissurées étaient loin d'offrir la sécheresse et la sécurité des terrains crayeux de cette contrée ; les éboulis nombreux de gros blocs et l'abondance de l'argile jaune en témoignent. Deux essais de

---

(1) DE LAPPARENT, *Traité de géologie*, 4ᵉ éd., p. 1614 et suiv., Masson, Paris.

C. 6 - néolitique

C. 5 - magdalénien

C.4 - solutréen

C. 3 - os gravés
C.2 - magdalénien
C.1 - moustérien

Eboulis des
pentes

$\frac{1}{2}$ cent p. mèt.

. Arcy – Grotte du Trilobite – Coupe longitudinale

Niveau de la vallée

8. Anti-
chambre

Chambre

Galerie

N.

Plan du Trilobite. – $\frac{1}{4}$ cent. pour mètre.

Couche 4, jaune
Couche 3, rouge
Eboulis, sable et limon
Sable et limon
C.2
Eboulis et sable, Couche 1.
Sable fin
Gros sable granitique

Coupe transversale en a..

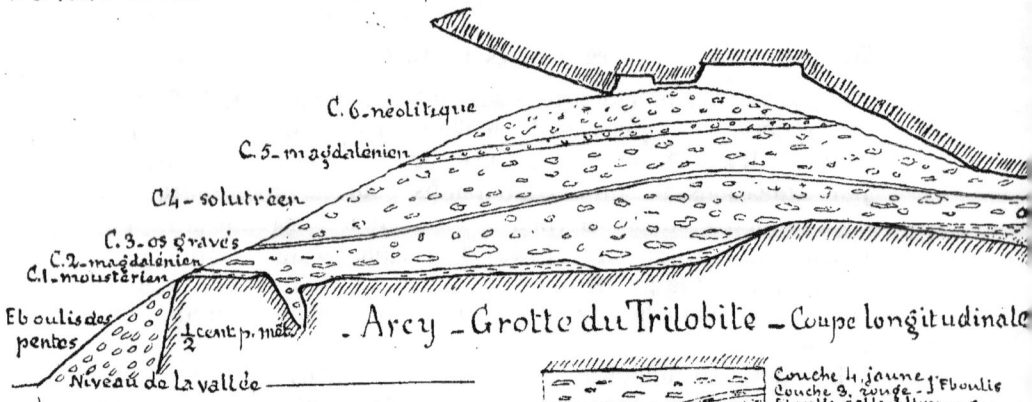

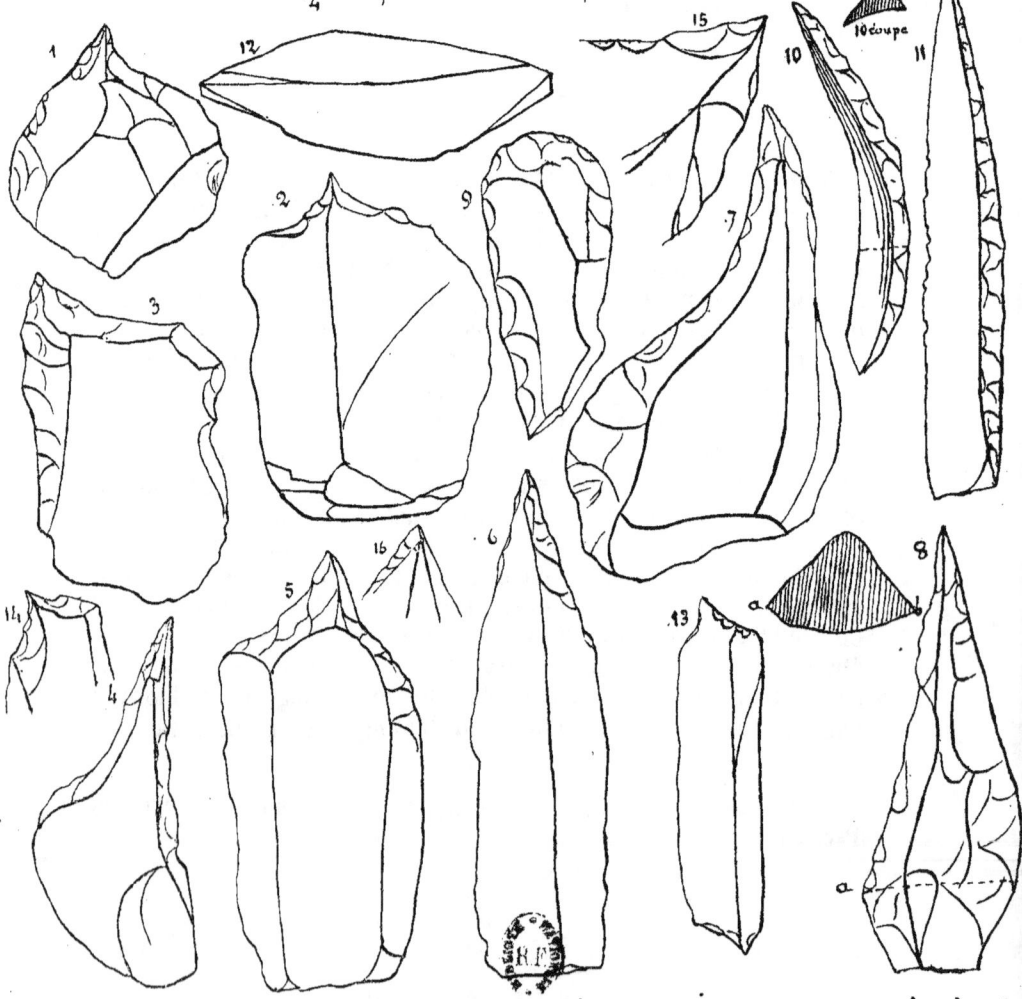

Arcy – Grotte du Trilobite – Magdalénien: perçoirs, pointes, burin.&c.

Arcy _ Grotte du Trilobite _ Magdalénien _ Solutréen. 1 à 5 _ Gr. ¼

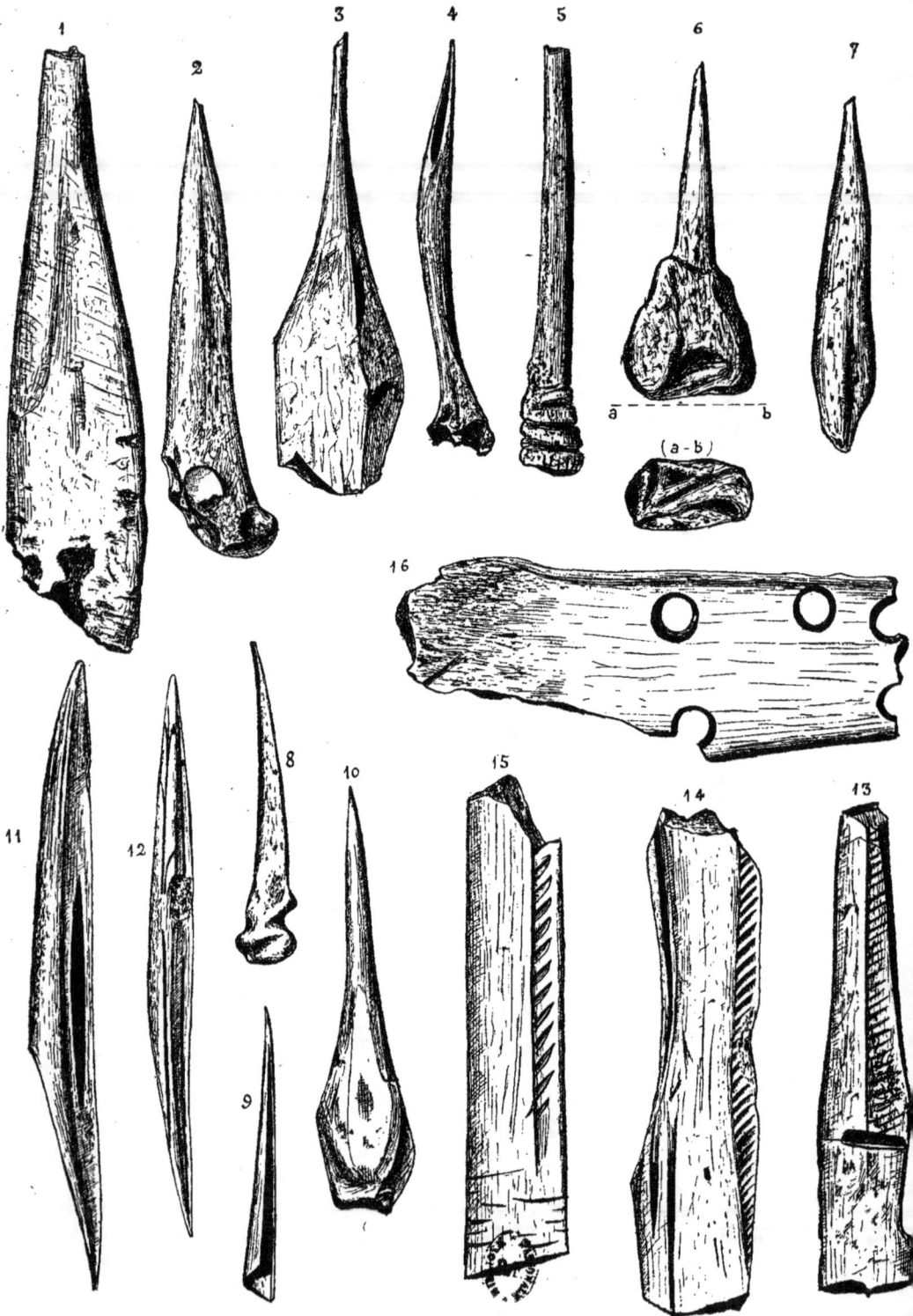

Arcy . Grotte du Trilobite .   Os ouvré , incisé, percé.(Gr.

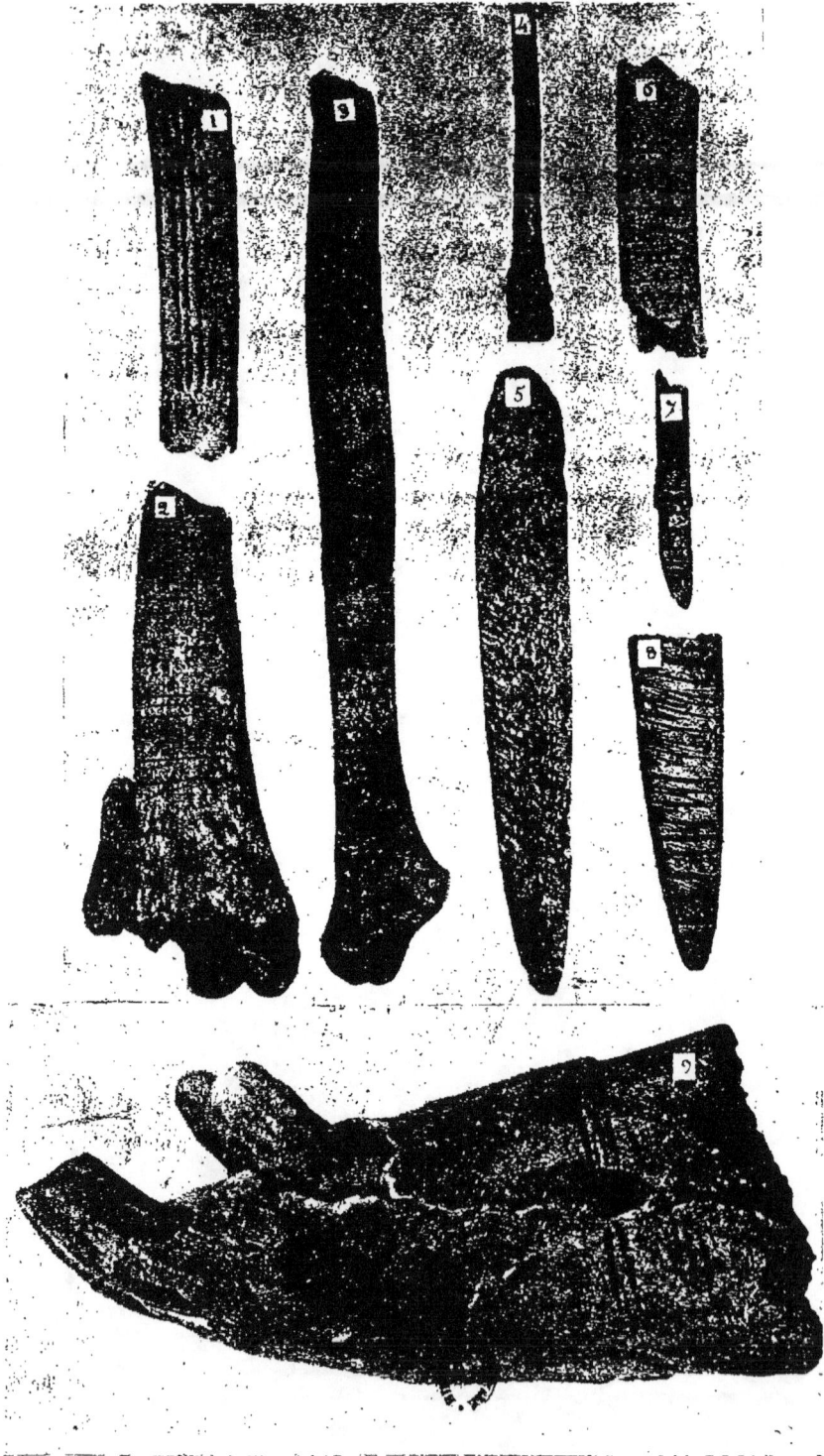

Arcy - Grotte du Trilobite - Os incisés .(Gr $\frac{4}{5}$. f.8.9 $\frac{11}{12}$).

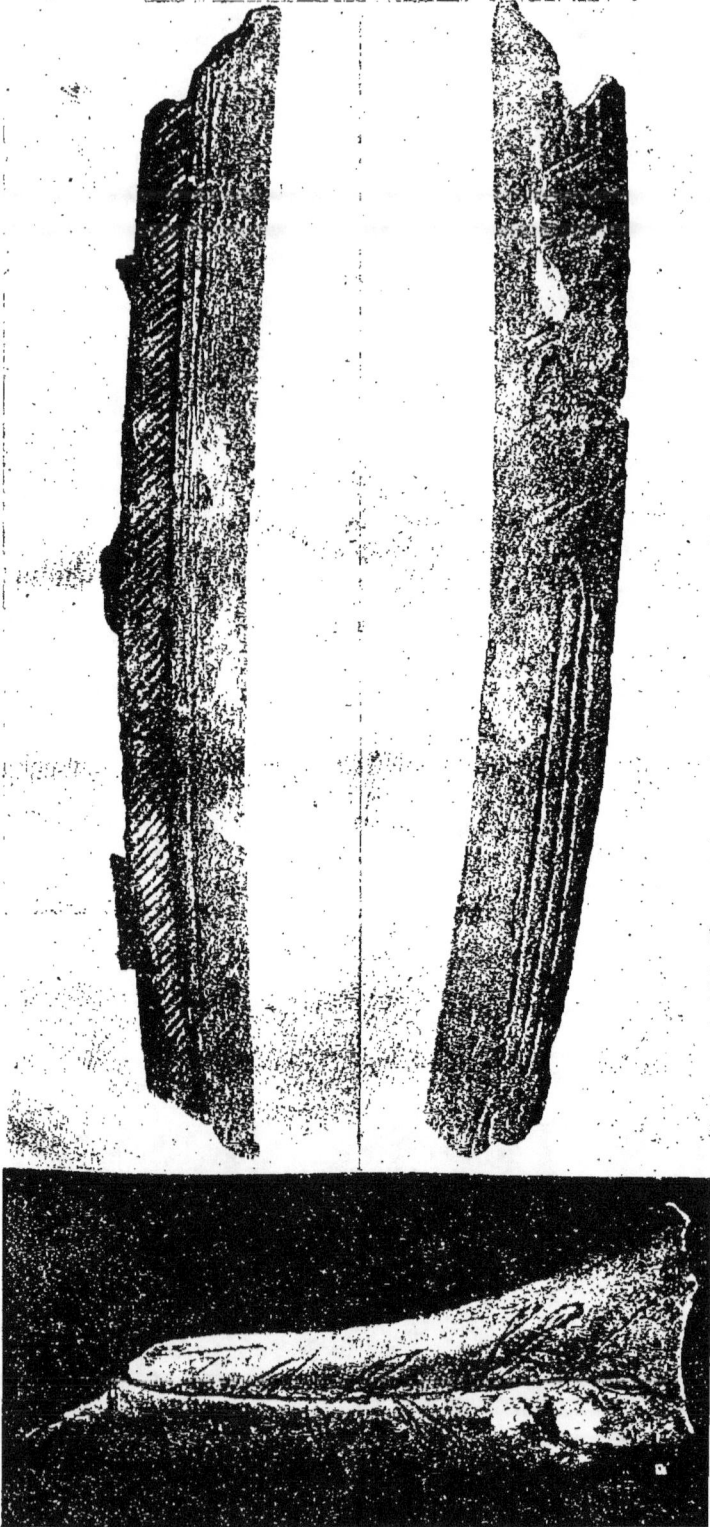

Arcy . Grotte du Trilobite . Os déssinés . (Gr. $\frac{1}{1}$).

résidence se font voir cependant, celui de la couche 3 est le mieux
caractérisé, mais il ne faut pas s'en exagérer l'importance d'après
le nombre des ossements et des silex ; qu'est-ce que dix à quinze
mille déchets de taille, quand un seul ouvrier peut en produire
des centaines par jour.Si l'on n'avait que les débris de nos grottes
pour établir une chronologie, on serait tenté de raccourcir à l'ex-
cès la durée de leur occupation Or, si les Primitifs n'habitaient
pas les cavernes, ils devaient avoir leurs huttes tout auprès, là où
étaient l'eau et les abris, et aussi les escarpements favorables à la
capture du gros gibier. Conçoit-on qu'on ait refusé à des hommes
qui taillaient avec tant d'habileté le silex, qui travaillaient l'os si
finement, le sculptaient et le gravaient, l'intelligence de se construire une cabane comme le font aujourd'hui les sauvages les plus
dégradés !

Le choix des matériaux de taille, roches locales ou étrangères,
et surtout la différence tranchée des pièces de l'outillage annoncent des peuplades différentes, celles du Moustier et celles de la
Madeleine ; on pourrait même dire des civilisations différentes,
car les premières n'ont rien de ces objets superflus de la parure
et ne connaissent pas le travail de l'os, tandis que les autres ont
tous les perfectionnements de la vie primitive et même certaines
jouissances de l'art. Toutefois, le niveau moustérien est toujours si
pauvre qu'on peut douter si le mobilier est bien au complet; et
qu'on ne doit parler qu'avec réserve des débuts de l'homme des
cavernes.

La période du Moustier se trouve représentée, aux grottes de la
Cure, à tous les niveaux de la vallée : la grotte de Mammouth, à
Saint-Moré, la montre à 30 mètres au-dessus de la rivière; à Arcy,
les grottes du Trilobite et des Fées sont à 3 mètres, et celles de
l'Ours et de l'Hyène ne dépassent pas le talweg. C'est le moustérien ancien, puisque toutes les grandes espèces s'y rencontrent,
avec rareté du renne, et que le mobilier contient la hache de
Saint-Acheul. C'est là un ensemble d'observations à ajouter aux
autres du même genre qui prouvent que les vallées étaient entièrement creusées et dans l'état où nous les voyons quand les premiers hommes de l'époque des cavernes apparurent aux grottes.
C'est bien aujourd'hui l'opinion unanime des géologues, et aucun
ne voudrait accepter les paroles du docteur Broca qui, voyant la
grotte du Moustier à 24 mètres au-dessus de celle de la Madeleine,
disait : « Ce creusement dû à l'action des eaux s'est effectué tout
entier sous les yeux des troglodytes; et depuis lors, pendant toute
la durée de l'époque moderne, c'est-à-dire pendant des centaines
de siècles, il n'a fait que très peu de progrès. Jugez, d'après cela,

combien de générations humaines ont dû s'écouler entre les deux époques quaternaires de la Madeleine et du Moustier. » Le célèbre anatomiste avait cédé lui-même, à son insu, dans une question de géologie, « à l'impatience qui préfère, à la lente analyse des faits, les brillantes généralisations ». Que celui qui est sans ce péché lui jette la première pierre. Les faits sont multipliés pour démentir cette conclusion hâtive sortie d'une ou deux observations, et personne ne la soutient plus. Elle trouve pourtant encore un écho dans les livres de vulgarisation, mais c'est un grand étonnement de voir M. Zaborowski, un professeur de l'École d'anthropologie, insérer sans défiance dans son « Homme préhistorique » de la Bibliothèque utile, et cela à la sixième édition, cette pure hypothèse tombée dans le *caput mortuum* que les sciences naturelles, plus que les autres, laissent derrière elles.

A l'homme moustérien succède l'homme magdalénien dont nous connaissons le talent ; il représente l'âge de la pierre à son apogée. Descend-il directement du premier, et son industrie n'est-elle qu'une transformation graduelle du moustérien, ou bien est-ce une autre race qui est venue supplanter la première ou se mêler à elle ? il est très difficile de le dire. C'est aussi un problème, avec nos découvertes qui ne dépassent guère l'Europe, de déterminer l'origine de ces tribus. Les peuples de l'âge du bronze semblent se mouvoir d'Orient en Occident, si l'on en juge d'après les données de l'industrie de ce métal ; encore plus loin, les hommes de l'âge de la pierre polie accusent les mêmes migrations, si l'on s'en rapporte à la faune ; mais il faut s'arrêter là : à l'époque paléolithique, les liens entre l'Occident et l'Orient ne s'aperçoivent plus.

Quelle différence déjà entre l'homme tout occupé de la poursuite des bêtes, pour sa vie de chaque jour, et l'homme se ruant à la poursuite de ses semblables, sans défense, pour les égorger avec joie au milieu des ruines fumantes de leurs maisons. A l'époque des cavernes, la lutte pour la vie était réduite à son minimum d'intensité : il n'y avait que des tribus ou des familles dispersées sur de grandes étendues au milieu d'une abondance extraordinaire de gibier. Le nombre restreint des stations d'une même industrie dans la région des grottes et l'ensemble de la faune le démontrent assez clairement ; et ainsi se trouvait écartée la grande cause des contestations qui est la nécessité. D'autre part, la rareté, on pourrait dire l'absence presque absolue de débris humains dans les niveaux paléolithiques, qui cause tant d'étonnement aux préhistoriens, est un fait significatif et qui éloigne tout soupçon de luttes fratricides, lesquelles se produisent surtout dans les occasions si fréquentes et si importantes, d'une prise de possession des abris. On ne peut pas, non plus, pour la même raison, faire au Primitif le reproche d'incurie pour les restes de ses semblables, comme on pourrait l'adresser aux hommes du néolithique dont les grottes fournissent fréquemment des débris humains. On connaît plusieurs sépultures de l'âge du renne ; elles sont rares, sans doute, mais l'abri des vivants, on le comprend, ne pouvait servir de champ de repos aux morts.

Le sauvage primitif est nomade, par nécessité, par goût, soit qu'il ait rayonné autour des grottes comme d'un centre, soit qu'il ait sans cesse changé ses stationnements ; mais ses voyages révèlent un réel esprit d'investigation : il connaît les meilleurs affleurements du silex dans le Sénonais et la Champagne ; il a distingué certaines roches dont les gisements sont très disséminés, et il utilise les pierres de volcan, l'ardoise, l'hématite, la limonite et le manganèse ; il va récolter des coquilles vivantes sur la plage de l'Océan et découvre les coquilles fossiles dans les terrains parisiens. Sa vie sédentaire nous le montre occupé à façonner son outillage élégant de pierre, à préparer les objets de parure, à confectionner des vêtements dont l'aiguille d'os si délicate nous fait soupçonner la beauté. Et voici que, dans ce chasseur et ce nomade dont tout dénote la force, le courage et la ruse, dans cet industrieux ouvrier, apparaît l'artiste qui a étudié la nature et qui la burine, en gravure et en sculpture, sur les os et les pierres et jusque sur les murs de ses galeries souterraines. Et si nous interrogions les rares crânes qui nous sont parvenus, ceux de Langerie et de Chancelade, ils ne contrediraient pas à cette esquisse de l'homme de la Madeleine, et non pas du magdalénien des derniers temps, mais de celui qui s'est mêlé aux chasseurs du Moustier. Ne croirait-on pas que le philosophe du XVIIIe siècle avait entrevu ce portrait de l'homme primitif, dans ce qui ne pouvait être alors qu'un rêve, quand il soutenait que la vie du sauvage était supérieure à celle du civilisé.

L'étude de l'outillage préhistorique est pleine d'intérêt ; on y voit d'abord l'uniformité dans l'industrie d'une même époque. Celle du Moustier est toujours la première sur les alluvions, et elle n'est jamais intercalée ; on peut donc croire contemporains les hommes qui ont occupé les grottes au début, et il faut le dire aussi de ceux qui leur ont succédé avec l'industrie de la Madeleine, également uniforme. Cette uniformité, constatée partout, est un signe de civilisations primitives ; l'époque suivante, néolithique, offre déjà de grandes variétés. Ces deux industries, moustérienne et magdalénienne, sont des divisions tranchées ; on trouve sans doute, dans les niveaux magdaléniens, même élevés, des pièces qui ont un air de famille avec celles des niveaux moustériens, mais l'ensemble est *sui-generis ;* ces exceptions sontelles un effet du hazard dans la taille ou la persistance des types anciens? ces hypothèses peuvent être vraies toutes les deux.

A l'uniformité et à la distinction des industries, s'ajoute la question du perfectionnement et peut-être de l'évolution. Comment s'est opéré le passage de l'une à l'autre à l'époque des cavernes ? Le moustérien s'est-il peu à peu transformé en magdalénien, la race restant identique ; ou bien le premier a-t-il cédé la place à l'autre par l'effet de l'immigration d'une race nouvelle, les deux industries fusionnant ? Le mélange des deux industries, observé surtout dans les stations du Midi, pose la question sans la résoudre ; il faut attendre les données que les crânes, encore si rares, pourront fournir plus tard. L'industrie du Moustier offre des silex qui ne le cèdent guère, pour la retaille, aux pièces de la Madeleine, mais ce dernier mobilier montre mieux, dans des séries plus nombreuses d'outils, la division du travail, ce qui est un progrès ; il y a aussi plus de légèreté et de délicatesse, et il arrive un moment, qui semble n'être pas le même pour toutes les régions, où la taille est portée à sa perfection dans la façon solutréenne. Elle est vraiment belle alors, l'industrie de la pierre éclatée ; et si l'on tient compte de l'instrument, simple caillou, qui façonnait ces petits chefs-d'œuvre, c'est l'habileté de l'homme à sa plus haute expression. L'Exposition universelle aurait étalé un pareil travail de la pierre, même exécuté à l'aide d'un percuteur de métal, qu'on l'eût regardé comme une de ses merveilles ; les outils en pierre polie du néolithique ont fait naître des contrefaçons, mais le défi du chasseur de renne n'a pas été encore relevé.

Une innovation surtout caractérise l'industrie de la Madeleine, c'est l'emploi de l'os et du bois de renne à des usages variés; alors apparaissent les outils délicats, les armes de parade, les objets de parure et les œuvres de l'artiste. L'art du dessin dérive d'une faculté particulière qui n'entre pas nécessairement dans l'histoire d'une civilisation; aujourd'hui même les Esquimaux, à l'extrême nord, et les Boschimans, à l'extrême sud, pratiquent le dessin et la sculpture sans occuper un degré élevé ; néanmoins, c'est avec un inexprimable étonnement que l'on trouve, aux débuts de l'humanité, un sentiment artistique aussi juste et aussi développé, sans qu'on en voie la filiation. Tout s'y rencontre en même temps : le dessin au trait sur os et sur pierre, la sculpture champlevé, bas relief et ronde bosse, la gravure sur rocher accompagnée

même de la peinture, en grandeur naturelle. Il en a été trouvé des
traces au Trilobite, de ces artistes qui vinrent peut-être des bords
de la Vézère ; ceux du Midi apparaissent à la fin même de la
période moustérienne ; et M. Piette, dont les travaux sont si esti-
més, nous montre au milieu d'une faune d'ours et d'hyène et d'une
industrie mixte, de merveilleuses sculptures au niveau inférieur,
puis de gravure plus haut ; ces manifestations de l'art se continuent pendant toute la période de la Madeleine, elles sont le
partage d'une race particulière qui occupait surtout le Midi.

L'examen des deux industries des cavernes, aux bords de la
Cure, s'oppose à l'idée préconçue de voir des hommes de guerre
dans les Primitifs ; la guerre ne commencera qu'à l'époque néolithique, entre des peuplades plus nombreuses et plus sédentaires.
En effet, de toutes ces pièces de silex, on n'en trouve pas une qui
soit, à n'en pas douter, une arme ; car le niveau solutréen lui-
même ne contenait pas la pointe à cran, ni la pointe de lance, si
rares partout, qui sont manifestement des armes. Mais alors, pour
la capture du gros gibier, comment s'y prenaient les Primitifs ?
J'ai parlé de l'aide que leur fournissaient, sans doute, les escarpements où les chasseurs pouvaient rabattre vivement les animaux
qui se précipitaient d'eux-mêmes. Mais la présence de ces petits
outils, disposés pour couper, percer et racler, nous annonce bien
le travail de l'os et du bois ; et d'autre part les débris de toutes les
espèces, grandes ou petites, lourdes ou légères, timides ou féro-
ces, nous convainc bien du succès de nos chasseurs. Nous ne nous
tromperons pas en leur reconnaissant les qualités de nos sauvages modernes : force, courage, endurance, adresse et ruse ; d'ailleurs l'extrême abondance du gibier, des bêtes peu farouches, la
proximité des rochers, et de simples armes de bois, pieu, lance,
massue, fronde peut-être, voilà de quoi expliquer de grands résultats obtenus par de petits moyens : les Dayaks, peuplade de
Bornéo, artistes comme nos Primitifs, n'ont que des armes de
bois, bien que le métal leur soit connu.

On ne peut aborder cette étude de l'homme préhistorique si l'on
ne connaît pas le sauvage moderne, encore qu'il faille faire la différence de l'humanité jeune, éveillée, conquérante avec l'humanité vieillie, rétrograde, endormie des tribus actuelles. C'est ainsi
qu'on se demande à la vue de ces outils, qui paraissent des jouets
d'enfant, ce qu'un homme pouvait faire avec une pierre éclatée ?
Trois choses résument la vie du sauvage : se nourrir, se loger et
se vêtir. La chasse était, sans doute, la principale occupation des
Primitifs : guetter et poursuivre la bête, la dépecer avec a lame
de silex, faire rôtir la viande, casser les os pour en tirer la moelle

qui devait servir, avec les minéraux colorants à se tatouer le corps, c'étaient des soins pressants, mais qui n'absorbaient pas toutes les journées; il devait y avoir de grands loisirs pour qu'on songeât à la toilette et aux rêveries de l'art. Il fallait se construire une hutte, quelque chose comme une cabane de bûcheron ; or, ce n'était pas une petite entreprise de préparer avec le silex et le feu, les pièces de la charpente. Le burin et le gros perçoir, maniés par une main robuste, avec le temps et la patience, en venaient à bout, on peut en faire l'essai en petit; il fallait alors autant de mois pour élever la hutte qu'on en met à bâtir une maison. Le vêtement était peut-être réservé à la femme, qui préparait les peaux avec un racloir et les cousait avec l'aiguille si délicate de bois de renne et le fil pris aux tendons des animaux. Puis, tandis que les uns partaient faire provision de silex, de minéraux ou de coquilles, les autres taillaient les outils, polissaient les os, fabriquaient les armes ou s'adonnaient aux arts d'agrément.

Le sauvage trouvait donc facilement autour de lui de quoi satisfaire aux besoins d'une vie simple de primitif; et l'on peut se représenter la somme d'activité qu'il devait déployer, les ressources de son esprit en éveil, les satisfactions que lui procuraient les travaux si variés qui le tenaient sans cesse en haleine. En face de ces misérables restes des grottes, nous regardons de bien haut et avec une profonde pitié cet homme de la nature et nous ne réfléchissons pas qu'il a une supériorité sur nous, hommes de la société ; il est l'artisan de toutes les jouissances de sa vie : lui seul fournit son vivre, fait sa maison, ses armes et ses outils, lui seul confectionne ses habits, trouve et prépare ses objets de parure et décore sa cabane des inventions de son art. Un retour sur nous-mêmes, et nous verrons, avec surprise, que nous sommes obligés de mendier à de nombreuses industries, et que ce sont les autres qui nous fournissent la nourriture, le logement, l'outillage, le vêtement et le reste. On se demande ce que deviendrait, isolée tout à coup de la Société, une famille de nos paysans modernes, deshabitués de pourvoir eux-mêmes à leurs premiers besoins ; et si leur sort ne serait pas plus digne de pitié que celui des Primitifs qui ne comptaient que sur eux-mêmes et avaient la science complète de leur existence matérielle.

La présence, chez les tribus primitives, d'une industrie aussi variée et aussi parfaite, et surtout de travaux d'art aussi expressifs, est un sujet d'étonnement; mais par contre, c'est une surprise aussi grande d'y constater l'absence de la poterie. On dit bien l'avoir trouvée ici et là, dans des gisements paléolithiques, ce serait une exception ; mais aux grottes de la Cure, elle est inconnue à ce niveau. Sans doute, il y a actuellement nombre de peuplades qui ne connaissent pas l'art du potier, quoique leur mobilier comporte une certaine variété ; ils ont des vases de bois, de jonc ou d'osier conservant très bien l'eau, ils utilisent aussi les outres en peau ; et nos Primitifs pouvaient connaître ces moyens. Cependant, on ne sait comment expliquer, chez des peuples doués d'un tel esprit d'observation, l'ignorance d'un procédé industriel aussi simple que de reconnaître une terre plastique, la mouler et la cuire : et que de choses admirables n'auraient pas faites avec l'argile, les artistes primitifs ! Il semble que l'art du potier devait accompagner nécessairement, sinon précéder, les inventions autrement élevées de l'industrie de la pierre et de l'os et de la gravure ; l'histoire nous donne un démenti et nous apprend que la poterie paraîtra longtemps après les chasseurs de renne, avec des peuples nouveaux qui auront, au début, l'outillage de pierre, moitié éclatée, moitié polie, mais qui connaîtront l'élevage des animaux domestiques, la culture des terres, le tissage, en un mot la vie sédentaire, assez semblable à celle de nos paysans. Ce sera un progrès, sans doute, sur la vie sauvage ; mais la guerre aura fait son entrée dans le monde néolithique ; et combien de choses auront disparu qui faisaient honneur à l'homme, la taille variée et parfaite du silex, le travail soigné et délicat de l'os, les arts du dessin et de la sculpture, surtout, qui vont rester ignorés jusqu'à l'apparition des informes figures de l'âge du bronze.

C'est, de ce côté, un recul de la civilisation, un vrai sommeil des sentiments du beau. On n'explique pas ces faits, on les constate, et, de ces observations, il apparaît que la loi du progrès ne se détermine pas comme la marche mathématique d'une planète ; ces révélations de l'époque des cavernes sont bien faites pour nous rendre prudents et pour nous rappeler à la loi fondamentale de l'Histoire naturelle, laquelle appuie uniquement ses théories sur l'observation sincère, patiente et persévérante des faits, méritant ainsi d'entrer pas à pas, mais sûrement, dans les secrets du Créateur.

Les documents tirés des grottes de la Cure et surtout de la riche grotte du Trilobite ont fourni l'occasion de reconstituer, avec quelque chance de fidélité, l'époque des cavernes ; et c'est ici que se plaçait naturellement cet essai, après l'exploration à peu près complète des grottes. Malgré sa brièveté, il satisfera, je l'espère, les amis de la nature et de la civilisation primitive. Bien souvent, et même dès les premières fouilles, on demandait une conclusion à ces recherches : la conclusion ne pouvait venir qu'après les derniers travaux, et c'est avec regret qu'on les a vus prendre fin

Les faits à présenter ne sont jamais assez nombreux au gré du chercheur, et volontiers il eut attendu encore des années : la maturité ne gâte jamais les fruits. On aura peut-être lu ailleurs ce que *devait* être l'homme primitif, d'après des théories qui montrent d'autant plus d'assurance qu'elles ont moins souci de l'observation ; dans cette étude on verra simplement ce que *pouvait* être, d'après les faits observés ici et ailleurs, la vie humaine à l'époque des cavernes.

————

XXII

LA GROTTE DES NOMADES

—

C'est une grotte toute nouvelle, autrefois masquée par les éboulis, et qui a été découverte lors de la construction de la route nationale, vers 1850. Elle est située sur la bordure nord de la colline des grottes d'Arcy, au pied de la côte Coffin, dans l'alignement de la route à sa traversée sur le pont ; son ouverture est au niveau même de la chaussée, et les nomades viennent souvent s'y abriter. A première vue, elle paraît dans la direction de la Grande grotte, et dans le pays on dit, sans preuve, qu'elle en forme la sortie. Le terrain rocheux, dans lequel s'excave sa galerie, est l'Oxfordien supérieur appelé Argovien, qui montre sur la gauche, dans ses roches blanchâtres, finement oolithiques, une série de bancs inclinés de 20 c. par mètre. La grotte elle-même a ses parois en calcaire terreux, son plafond est horizontal et il n'y a pas trace d'affaissement.

On entre dans la caverne par un trou de 1 mètre de largeur sur 60 c. de hauteur, situé à 4 mètres au-dessus de la vallée, et l'on se trouve dans une salle de 30 mètres de longeur, mesurant au milieu 9 mètres de largeur et 3 mètres de hauteur ; elle se termine de chaque côté par des couloirs impraticables, tandis que l'espace intermédiaire, comblé par les éboulis, ne laisse pas apercevoir de prolongement.

Quelques fouilles avaient été faites, je ne sais par qui, dans cette grotte presque constamment humide, surtout le long des murs ; et j'ai voulu les reprendre, quoique sans espoir, dans les endroits les plus secs. Près de l'entrée, on a pratiqué une fosse qui a donné 30 c. d'éboulis avec quelques plaques de concrétions à la base, puis 2 mètres 25 d'argile pure, jaunâtre, sorte d'ocre semblable à celle des autres grottes, et l'on a atteint le sable granitique d'alluvion. Une autre fouille, faite au milieu a donné les mêmes résultats. Dans ces recherches il n'a été trouvé aucune trace de l'homme, aucun débris d'animal, même des espèces actuelles.

———

XXIII

L'EGOUTTOIR

—

J'ai appelé grotte des Sapins, dans mon Guide des grottes, cette petite cavité qui est connue dans le pays sous le nom de l'Egouttoir, il faut le lui conserver, c'est le bon, car les arbres peuvent disparaître, mais non l'extrême humidité de la caverne. Elle est située dans la même côte que les Nomades, à 45 mètres environ à l'ouest, et à 85 mètres à l'est de la grotte-issue dite source du Moulinot. Un groupe de sapins la désigne, masquant les petits escarpements de son entrée, qui est à 6 mètres 50 au-dessus de la vallée ; un sentier au milieu de broussailles y conduit. Par son niveau, elle correspondrait assez bien à l'issue de la Grande grotte, et plusieurs y voient son aboutissement ; je puis annoncer aujourd'hui, d'après des opérations sur le terrain, faites en commun avec M. Mathieu, agent-voyer à Vermenton, que l'axe de la Grande grotte aboutit au Moulinot, déclinant même un peu à droite.

L'Egouttoir se comble très rapidement, car il paraît qu'on y entrait il y a un demi-siècle assez facilement. Il se présente actuellement comme une cavité de 10 mètres environ de largeur et 6 mètres de longueur visible, son ouverture a 2 mètres de hauteur sous un rocher de 4 mètres d'élévation, mais bientôt il faut presque ramper pour y pénétrer. Sa voûte et son plancher d'éboulis sont fortement inclinés vers l'ouest, et sont revêtus, par places, d'incrustations. L'eau filtre en toute saison ; elle a donné, au mois d'avril, 50 centigrammes par litre de carbonate de chaux. Personne n'a jamais eu l'idée d'y faire des fouilles.

———

XXIV

LA ROCHE-AUX-CHATS

—

Il faut, pour trouver cette grotte, remonter la rive droite de la Cure en partant du grand pont de la route ; on passe sous le pont du chemin de fer et on arrive, en face de l'anse de Girelles, sous une bordure de rochers de 8 à 10 mètres de hauteur, le Rocheton, qui porte le chemin de Précy dit de Tarseau ; à 200 mètres environ de ce dernier pont, on voit s'ouvrir, à 10 mètres de la rivière et 5 mètres de hauteur, une cavité que les blaireaux doivent fréquenter, car elle était presque entièrement masquée par les terres. On l'appelle, à Arcy, la Roche-aux-Chats, et de fait elle a fourni plusieurs mandibules de cet animal qui vit encore à l'état sauvage.

L'entrée mesure 6 mètres, une belle largeur de grotte et qui faisait croire d'abord à une grande galerie ; mais son plancher se trouve à 1 m. 50 au plus de la voûte, ce qui est une condition peu favorable pour un abri : sa position en plein midi et au-dessus des eaux ordinaires l'auraient fait rechercher, si le remplissage d'argile n'était pas venu de bonne heure, comme cela est probable, diminuer l'espace déjà restreint. On a ouvert une large tranchée, au milieu de la couche terreuse, et on a pu mesurer la galerie sur 10 mètres, mais elle se prolonge encore. On y a trouvé des débris d'animaux en petite quantité : mandibules de chat, canon de mouton, fragment de mâchoire de jeune cochon, phalange de bœuf, ossements de renard, de blaireau et de lapin ; mais en l'absence de tout foyer, de poterie néolithique, et des vestiges habituels de l'homme, on peut penser que ces débris ont été apportés par les fauves. C'est une surprise de n'avoir rien rencontré, dans cet abri agréable, des peuples néolithiques qui ont fréquenté tant de cavernes incommodes.

———

www.ingramcontent.com/pod-product-compliance
Lightning Source LLC
LaVergne TN
LVHW022039080426
835513LV00009B/1132